LA MAÎTRESSE DE L'HOMME INVISIBLE

DU MÊME AUTEUR

Souffrance que j'ai du fun !, théâtre, Leméac, 1983
De la ruelle au boulevard, récit, Leméac, 1992
La Revanche du pâté chinois, souvenirs, Leméac, 1997

André Montmorency

LA MAÎTRESSE DE L'HOMME INVISIBLE

à la prochaine

André Montmorency

LEMÉAC

Données de catalogage avant publication

Montmorency, André

La maîtresse de l'homme invisible

ISBN 2-7609-3227-3

1. Giroux, Germaine. 2. Montmorency, André. 3. Théâtre – Québec (Province) – Histoire – 20e siècle. 3. Acteurs – Québec (Province) – Biographies. I. Titre.

PN2308.G57M66 1999 792'.028'092 C99-940686-8

Illustration de la couverture : Alain Devost, *Star des années trente*,
aquarelle, 28 × 35,5 cm, 1999

Nous remercions le Conseil des arts du Canada de l'aide accordée à notre programme de publication, ainsi que la SODEC pour son soutien à l'édition.

ISBN 2-7609-3227-3

1124, rue Marie-Anne Est, Montréal (Québec) H2J 2B7
Dépôt légal – Bibliothèque nationale du Québec, 2e trimestre 1999

Imprimé au Canada

À ma grande sœur Fernande,
qui m'a transmis son rêve d'écrire.

AVERTISSEMENT

Certains des personnages de ce roman sont réels, mais les événements sont fictifs. Cette histoire est basée sur ce qui m'a été raconté depuis mon arrivée dans le milieu théâtral par plusieurs témoins privilégiés de cette époque et par divers personnages hautement colorés qui l'ont marquée. Je n'ai pas voulu en vérifier l'authenticité de peur que la triste réalité ne soit par trop décevante en comparaison de l'histoire que je m'apprêtais à inventer.

A. M.

17 octobre 1967. Un éclair traversa la ville depuis le fleuve jusqu'à la montagne. Curieusement, le ciel devint pourpre avant que la décharge électrique ne se manifeste.

Je conduisais ma Citroën Pallas 66, de couleur noire. Je finissais de descendre l'avenue de la Côte-des-Neiges et m'apprêtais à tourner à droite dans la petite rue Selkirk, une impasse au nord de la rue Sherbrooke ouest. Germaine Giroux était assise à mes côtés et dans quelques minutes j'allais pénétrer dans la caverne d'Ali Baba du théâtre québécois.

J'y verrais des trésors sans nom. Les photos, du temps de leur gloire ancienne, de plusieurs artistes avec qui je jouais au théâtre depuis déjà dix ans.

Surtout, j'allais enfin admirer le fameux portrait que son père, Lactance, avait fait de Germaine quand elle était jeune fille. Il était photographe pour le compte de la ville de Montréal et au dire de ceux qui les avaient connus, lui et son œuvre, le portrait qu'il avait fait de sa fille resterait sans contredit l'une de ses plus grandes réussites.

Je venais à peine de stationner la voiture et d'ouvrir la portière du côté passager pour aider la star à en sortir que je recevais en pleine face, le mot n'est pas trop fort, deux housses contenant une demi-douzaine de robes du soir qu'elle avait tirées de sa garde-robe personnelle, au « *cas-z-où* », donnait-elle comme explication à chacun de ceux qui avaient hérité du privilège de transporter ses affaires. Elle aimait aller saluer ses fans, dans le hall d'entrée du théâtre, après le spectacle, d'où le besoin de transporter les fameuses housses.

> *Tu sais jamais quand un président de compagnie va vouloir te rencontrer pour t'offrir d'aller finir tes jours avec lui à Capri. C'est une voyante, à New York, qui me l'a prédit. Et c'est pas n'importe quelle voyante. She was the greatest ! C'est elle qui avait annoncé la fin de la guerre 39-45. Fallait le faire ! On savait même pas encore qu'il allait y avoir une guerre.*

Germaine parlait un français bien à elle, souvent des plus châtiés. Parfois, elle allait même jusqu'à détacher chaque syllabe pour attirer l'attention de son interlocuteur : ce qu'elle avait à dire était de la plus haute importance.

Il lui arrivait aussi de colorer son discours de mots ou d'expressions en américain, pour que nul n'oublie la carrière qu'elle avait faite là-bas. Mais ses origines populaires québécoises se rappelaient souvent à notre bon souvenir. Elle assaisonnait volontiers ses phrases de retentissants « bâtard ! », toujours lâchés avec beaucoup d'élégance dans l'élocution.

Voilà ce à quoi je réfléchissais pendant qu'elle me servait son habituelle tirade sur la raison d'être de ses housses remplies de *gowns* et que je croulais sous le poids de la mallette à maquillage et d'une certaine malle plutôt volumineuse, où se retrouvaient, pêle-mêle, les bibelots, trophées, porte-bonheur, photos de ses père et mère, coupures de journaux dont elle tapissait les murs de sa loge, avant de jouer dans quelque lieu, ne serait-ce qu'une seule représentation.

Il était heureux que le temps lourd de l'été des Indiens nous eût permis de sortir sans manteau. Même la chemise empesée et le smoking loué étaient difficiles à supporter, vu le temps humide et l'orage qui semblait vouloir éclater à tout instant.

Je la suivais maintenant vers les premières marches de l'immeuble qu'elle habitait rue Selkirk et, ainsi chargé, j'étais le digne descendant de plusieurs vieux acteurs à la retraite qui avaient trimbalé les nombreuses valises de Germaine à travers ses tournées en Nouvelle-Angleterre, alors qu'elle était une accorte soubrette désirée par tous les vrais mâles.

Plus âgée, si elle rencontrait quelqu'un qui ne demandait pas mieux que de la servir comme la grande star qu'elle avait été, titre qu'elle revendiquait toujours avec le plus grand panache, elle jetait son dévolu sur sa nouvelle conquête et exigeait presque l'exclusivité de la part de son chevalier servant.

> *Surtout, demain, oublie pas d'aller chercher mes gerbes de fleurs au théâtre. Ça va puer le mort pendant deux semaines, mais moi, je vais me sentir bien vivante.*

Elle était particulièrement drôle et possédait un sens du punch qui inspirerait beaucoup d'actrices de sa trempe par la suite. Elle était généreuse et avenante. Les jeunes comédiens se battaient pour faire partie de son entourage. J'étais aux premières loges et devins rapidement son chouchou, sport pratiqué depuis mon plus jeune âge au Jardin d'enfance. J'étais alors mignon, talentueux, avec un regard pénétrant et irrésistible, et le charme que je déployais pour plaire dépassait parfois les limites. C'est ainsi qu'à peine âgé de six ans, j'avais déjà conquis le cœur de sœur Ange Gabriel.

Douze ans plus tard, Germaine tomba également sous le charme dès qu'elle me vit. Elle était très souvent attirée par les homosexuels, qui l'idolâtraient. Parlant de mes coreligionnaires, elle avait l'habitude de s'exclamer :

Je les attire comme des sangsues, bâtard !

Elle était réputée pour toujours dire le fond de sa pensée, mais c'était fait avec un tel humour qu'il était difficile de lui en vouloir.

Je réalisai que nous arrivions enfin chez elle : je l'entendis chercher dans son réticule les clés ouvrant la porte de son appartement de neuf pièces.

Pendant qu'elle se débattait avec la serrure, je pensais à quel point cette femme avait été adorée du public qui avait découvert Antoinette et Germaine Giroux dans le théâtre de boulevard de Henri Verneuil, les comédies de mœurs d'Henri Lavedan et les sombres mélodrames d'Alexandre Dumas.

Chaque semaine, pendant la guerre, au bon vieux temps du Théâtre l'Arcade, les applaudissements éclataient quand les deux femmes apparaissaient sur la scène avec de nouvelles toilettes. Celles-ci allaient d'un tailleur au premier acte à un déshabillé vaporeux au troisième acte, sans oublier la robe du soir que les vedettes endossaient toujours au deuxième acte, quelle que soit la pièce à l'affiche.

Ces robes, que le public croyait dessinées par de grands couturiers, avaient été coupées et assemblées la plupart du temps par de simples petites couturières de quartier, devenues pour l'occasion héroïnes de photo-roman, se voyant petites mains pour les comtesses ou les aristocrates de banlieue incarnées par les célèbres sœurs Giroux. En définitive, l'illusion que donnaient ces costumes de scène était totale. Sans le savoir, ces ouvrières, tenues de s'inspirer des créations des couturiers de renom, faisaient des prouesses pour proposer des solutions beaucoup moins coûteuses que les robes de haute couture qu'Antoinette et Germaine étaient censées porter à la ville comme à la scène.

Ces costumières avant la lettre ne gagnaient presque rien, mais elles se sentaient honorées d'habiller ce qu'elles ignoraient être les dernières représentantes d'un modèle de stars calqué sur celui des États-Unis. Germaine, qui avait triomphé dans sa jeunesse sur les planches de Broadway, était l'une des instigatrices de cette mode.

L'épisode de Broadway devra attendre avant d'être raconté, car voilà que Germaine m'invitait enfin à entrer chez elle.

Entre, mon cœur ! Mais surtout, regarde pas avant que je te le dise !

Elle venait d'ouvrir la porte de l'appartement. Elle se précipita dans le salon, pour allumer les lampes les unes après les autres. Pendant qu'elle s'agitait pour mettre au point l'atmosphère désirée et alors que je restais planté dans le vestibule, toujours aussi chargé qu'un mulet, sans oser avancer dans la pièce, n'y ayant pas été invité, elle lança à la cantonade :

Gêne-toi pas pour faire du bruit. Billie et Antoinette sont allées faire un pèlerinage à Coteau-du-Lac. On est tout seuls. Entre. Aie pas peur, je te violerai pas.

Je l'entendis remuer des meubles, déplacer des objets et me décidai enfin, au risque d'être impoli, à déposer par terre mes nombreux paquets. Respirant enfin un peu, je revis, comme en accéléré, la soirée qui remontait déjà loin, car il était plus d'une heure du matin.

Germaine m'avait invité à la raccompagner chez elle pour m'annoncer une importante nouvelle qui allait bouleverser nos vies. Elle avait plus que piqué ma curiosité.

À deux reprises dans le passé, elle m'avait entretenu d'une importante invention qu'elle avait faite et qui allait la rendre riche. La seule autre nouvelle d'importance susceptible de recevoir cette appellation très contrôlée serait une nouvelle production de *Madame Sans-gêne*, où elle avait triomphé à la fin des années trente, au théâtre Stella, sous la direction de sa sœur Antoinette. Elle avait toujours rêvé que cette reprise se fît à Broadway, rien de moins.

Il y avait comme une entente tacite dans le milieu du théâtre. Cette femme était très aimée et respectée, et tous semblaient partager son rêve. Cela faisait partie de l'assentiment général sans que personne ait besoin d'être consulté. Était-ce vrai, ce succès phénoménal qu'elle aurait eu, à peine sortie de l'adolescence ? Était-il possible qu'un jour prochain on lui téléphone de Broadway pour lui proposer un rôle ? Évidemment, tout le monde en doutait, mais jamais personne n'avait essayé de la raisonner, espérant secrètement que ce fût vrai.

Depuis quelques années déjà, j'écrivais des revues pour le Stella – pardon, c'est le théâtre du Rideau Vert que j'aurais dû dire, mais l'édifice avait beau avoir été complètement rénové et inauguré en 1960, sous le nom de Théâtre du Rideau Vert, nous nous obstinions à l'appeler le Stella, affectueusement, peut-être en hommage à ces Barry Duquesne ou Antoinette Giroux qui l'avaient dirigé tour à tour pendant de nombreuses années. Le Stella s'était aussi appelé Le Chantecler de 1912 à 1930. Sous ce nom, il avait abrité, entre autres, la Compagnie Bella Ouellette.

Yvette Brind'Amour, maintenant directrice du sympathique petit théâtre qui avait vu mes débuts, m'avait commandé une chanson en l'honneur du maire Jean Drapeau dont elle avait décidé de souligner la contribution exceptionnelle et personnelle à l'aménagement du Théâtre du Rideau Vert, rue Saint-Denis.

Ce maire ambitieux, dont la merveilleuse mégalomanie avait enfin mis Montréal sur la carte du monde, désirait faire de la rue Saint-Denis un Broadway montréalais. Il avait jeté les yeux sur ce petit cinéma au nord de l'avenue du Mont-Royal, qui avait le mérite d'avoir un passé théâtral.

Pour Germaine, le projet prenait une tout autre signification. Elle avait connu le Broadway des années trente, avec ses comédies musicales à grand déploiement. Elle avait sympathisé avec le grand Zigfeld, rencontré par hasard, après une représentation de ses incroyables *Zigfeld Follies.* Certaines de mes sources lui prêtaient même une aventure avec le grand producteur, mais quel amant n'a-t-on pas inventé à Germaine, surtout pendant sa période new-yorkaise ?

La culture de Broadway, qui avait bercé ses vingt ans, l'avait marquée au point qu'elle avait de la difficulté à croire à autre chose qu'à des spectacles combinant tous les éléments du show-business dans la plus pure tradition américaine.

Un exemple de cette vision fort défendable nous avait été donné alors qu'elle jouait dans *L'Avare,* de Molière, au Théâtre du Nouveau Monde. Elle était habillée par le costumier François Barbeau. Elle savait ce dernier impliqué dans l'aventure du Théâtre de Quat'sous que venait d'acquérir Paul Buissonneau.

La nouvelle avait paru dans la presse le matin. Le soir, à peine Germaine était-elle arrivée au théâtre, qu'elle avait apostrophé François Barbeau dans les coulisses et lui avait dit sur un ton sans réplique que lui aurait envié Mae West, sa contemporaine :

Il paraît que tu viens de t'acheter un théâtre ! J'ai une pièce pour toi. Il y a un rôle pour moi, un rôle pour Antoinette ; du cul, des bijoux, des toilettes : tout pour faire un succès !

François Barbeau eut, sur-le-champ, un sérieux coup de foudre artistique et par la suite Germaine deviendrait l'artiste qu'il aimait le mieux habiller. Il la donnait sans cesse en exemple aux jeunes comédiennes qui défilaient au Rideau Vert. Pour François Barbeau, très peu d'actrices portaient les costumes d'époque comme Germaine savait le faire.

Pour elle, « du cul, des bijoux, des toilettes » étaient les conditions élémentaires à réunir pour qu'un spectacle ait quelque chance de réussite auprès du public. Voilà du moins qui offrait une vision théâtrale claire en ces temps où l'on se préoccupait très peu d'en avoir une. Les artisans du théâtre de cette époque, encore toute proche, faisaient en effet du théâtre d'abord pour s'éclater. Un point c'est tout.

Les sombres drames avaient aussi beaucoup d'attrait pour Germaine. Avec son cœur de midinette et d'éternelle amoureuse, elle s'identifiait facilement aux héroïnes romantiques pleurant leur détresse de filles abandonnées dans les salons d'apparat des grandes capitales.

J'veux bien mourir en robe longue n'importe quand, mais pas n'importe où. Vous me verrez jamais crever en haillons dans un fond de cour du bas de la ville. Ce serait manquer de respect à mon public.

Disait-elle, préférant prévenir.

Au début des années soixante, Germaine croyait sans doute encore, en rêvant à son futur Broadway montréalais, que créer de toutes pièces le quartier qui convenait au genre suffirait à imposer de tels spectacles musicaux, l'organe créant le besoin, en quelque sorte. La perspective de renouer avec l'atmosphère de ses premiers grands succès américains finit par lui faire éprouver pour Jean Drapeau beaucoup plus que de l'admiration.

En cet automne 1967, la soirée hommage à laquelle nous venions d'assister avait vu triompher une Germaine vantant en chansons les réalisations de son maire bien-aimé. Elle était vêtue d'une robe longue à paillettes noires, dessinée par François Barbeau. Sous les éclairages savants du spectacle, elle avait fait miroiter cette création avec la plus grande sensualité, malgré son âge et sa corpulence.

Enivrée par un tel triomphe, Germaine ne se doutait pas que son gros bon sens de comédienne chevronnée provoquerait chez moi une profonde remise en question. Je m'apprêtais à recevoir la plus grande leçon d'art dramatique de ma vie.

As-tu entendu les applaudissements, mon cœur !

Elle venait de réapparaître dans le vestibule. Vraisemblablement elle avait fini de ranger au salon. Je pouvais entendre, venant du fond de la pièce, Lucienne Boyer chanter *Parlez-moi d'amour* sur l'électrophone à manivelle, un des nombreux présents qu'elle avait reçus d'admirateurs new-yorkais.

Crache jamais sur les applaudissements, c'est le fonds de pension de l'artiste !

Me prévint-elle. Elle usait souvent de formules qu'elle adaptait à son gré pour traduire le fond de sa pensée.

Elle avait pris le temps d'enlever la robe noire à paillettes que Barbeau lui avait offerte après le spectacle, ainsi que le corset qu'elle s'imposait chaque fois qu'il lui dessinait un costume de scène. Cela l'aidait à garder une silhouette que le public féminin lui enviait, et surtout lui permettait d'offrir aux médecins, notaires et membres de la classe politique, dont elle avait nourri les fantasmes quand ils étaient encore dans la fleur de l'âge, une taille plutôt bien prise, malgré son embonpoint. Cela donnait du relief à ses rondeurs et la rendait encore désirable en dépit d'un âge certain.

Débarrassée de l'instrument de torture, elle avait enfilé une magnifique djellaba en pure soie, dont les motifs et les coloris annonçaient déjà les couleurs de la soirée, qui serait mémorable. Elle s'était mise en tenue décontractée, mais n'avait quitté ni son légendaire turban ni ses souliers à plate-forme des années quarante, modèle dont elle gardait une collection impressionnante, dans l'espoir qu'il revienne un jour à la mode. Elle n'était pas très grande et, comme elle se voulait alors un sex-symbol, ces espèces de cothurnes lui faisaient gagner les quelques centimètres nécessaires pour dépasser une chanteuse populaire qui avait le malheur de commencer à percer sur la scène internationale et d'être plus jeune qu'elle d'une vingtaine d'années. Germaine ne la portait pas dans son cœur. Elle ne prononçait jamais son nom et il nous était interdit de le faire en sa présence. Chaque fois qu'elle parlait d'elle, elle lui inventait un nouveau surnom :

L'Autre ! Miss Les Épaules ! L'Innommable !

Ces hostilités remontaient à plusieurs années, alors que les deux femmes étaient devenues rivales à cause de leur penchant pour les mêmes beaux ténébreux. De plus, dans les années quarante, celle qui faisait l'objet de la hargne de Germaine était d'une beauté incomparable. Sur les affiches, ses robes du soir laissaient toujours entrevoir une jambe parfaite, au galbe à faire pâlir d'envie Betty Grable, et des épaules dignes d'une Vénus qui aurait perdu autre chose que les bras.

Vaincue par l'évidence, Germaine évitait de s'attaquer au physique de sa rivale. Mais quand elle parlait de son talent, elle n'était pas très tendre.

Tout ce qu'elle a réussi à faire pour essayer de se faire connaître, c'est d'aller emprunter les hits de Carmen Miranda et de venir les défuntiser ici ! Les chansons sud-américaines, ça se chante pas sans bananes sur la tête !

Il était difficile de remettre en question ce sens inné du show-business ; cependant, la véritable raison de l'aversion de Germaine pour celle qui avait été aspirante au titre déjà tant convoité de vedette internationale était facile à imaginer.

Germaine avait caressé les mêmes rêves que sa cadette mais avait été forcée, disait-on, de quitter Broadway. Une dépression nerveuse et une désastreuse histoire d'amour auraient été les causes de l'interruption de cette carrière prometteuse.

Quant à l'Innommable, après l'échec de Germaine, elle avait entamé une carrière qui avait dépassé les frontières américaines. Londres avait été conquis. Les premières images de la télévision britannique avaient capté son magnifique sourire.

Germaine entretenait donc envers l'Autre certaines frustrations bien légitimes.

Je l'ai faite avant elle, la carrière internationale ! Elle avait la couche aux fesses que je levais déjà la jambe devant le grand Busby Berkeley.

Germaine, fidèle à son style, passait du coq-à-l'âne, pour me donner quelques détails supplémentaires.

Est-ce que je t'avais dit ça, dans le temps, que le grand Busby Berkeley m'avait promis que je serais une de ses découvertes dans son film, Broadway Melody of nineteen thirty-four *? Il m'a jamais rappelée. He was* *a jerk ! Eh bien, que monsieur Busby Berkeley aille se faire ramoner l'intérieur, je vais quand même en avoir, des plumes dans le cul !*

Revenant à sa rivale, pour conclure avec éclat :

En plus de ça, elle se prend pour une Lady. Je vais lui en faire, moi, une Lady ! La postérité va finir par me rendre justice. On va enfin comprendre laquelle des deusse était la véritable Lady !

Avec le temps, pourfendre cette femme qui n'était plus vraiment dangereuse ou encombrante était devenu une sorte de jeu plutôt que le reflet d'une haine profonde.

Viens-t'en, mon cœur, la grande visite commence !

Germaine venait de m'entraîner dans le corridor-musée, et voilà que j'étais face à toutes les gloires théâtrales qui avaient nourri, grâce à la radio, mes rêves de devenir acteur. Une collection des plus grandes idoles de mon enfance que j'avais enviées et tenté de saisir entre les lampes d'un appareil radio. J'étais alors convaincu que, par les ondes, les acteurs étaient présents en chair et en os dans la cuisine de mémère pour dire leurs répliques.

Je devais avoir quatre ou cinq ans. Je voulais savoir de ma grand-mère pourquoi, chaque fois que je démontais l'appareil, les acteurs s'enfuyaient et ne voulaient plus me parler. Mémère n'a jamais détruit mes rêves. Elle me laissait tranquillement démonter et remonter l'appareil Marconi trônant à deux pas du poêle à bois.

Ce soir-là, chez Germaine Giroux, je restais pétrifié devant le long mur couvert de centaines de photos encadrées.

J'étais fasciné par la beauté de Janine Sutto. Tout à côté, Roger Garceau baisait la main de Germaine dans une pièce de Jean de Létraz, pendant qu'Antoinette, sa sœur, me rappelait qu'elle avait interprété Célimène en tournée avec la Comédie-Française. Une photo de François Rozet, presque nu, sur une plage de la Gaspésie, et simplement dédicacée : « Avec amour, François », me fit me demander qui, de Germaine ou Antoinette, avait eu une aventure avec l'incorrigible tombeur. Peut-être avait-il tout simplement dédicacé la photo *at large*, s'étant commis avec les deux divas.

C'est sur ces considérations que je reçus le premier grand choc de ma soirée.

Je venais de relever la tête et mon regard fut attiré par une simple photo, format huit par dix, fixée dans un cadre en bois noir des plus ordinaires.

« C'était donc vrai ! » furent les seules paroles qui me vinrent à l'esprit, en voyant pour la première fois un portrait de Germaine vêtue d'un collant noir super sexy qui ne laissait rien à l'imagination.

Sous l'image, un petit espace laissé en blanc. Une légende. Des lettres imprimées, avec le logo d'un théâtre de Broadway, attestant de l'authenticité de ce que j'avais sous les yeux et sur lequel était tout simplement écrit : Germaine Giroux in *The Spider Woman.*

Je la connaissais depuis neuf ans et pendant toutes ces années, j'avais douté de la chose. Lorsque je demandais à des gens qui l'avaient bien connue de me confirmer la légende, ils évitaient la question, comme si le Broadway des sœurs Giroux était devenu, avec le temps, un sujet tabou.

Le fait d'armes m'était maintenant confirmé. Germaine avait bel et bien tenu un premier rôle à Broadway.

Comment tu me trouves en collant noir ?

Germaine venait de me ramener sur terre, comme elle aurait souvent l'occasion de le faire pendant cette soirée des plus extraordinaires.

En tout cas, celles qui colportent partout que je rêve en couleurs quand je parle de mon comeback *de Broadway vont l'avoir dans le tu-peux-t'imaginer-quoi !*

Cette phrase annonçait-elle les choses étonnantes dont je serais le confident au cours de la nuit ? Je préférai continuer ma visite du corridor sans trop y penser.

Mon regard fut attiré par une autre photo immortalisant un épisode heureux de sa vie, confirmé par tous, celui-là : son triomphe dans *Madame Sans-gêne* d'Armand Salacrou. Je ne m'y attardai guère, quelqu'un d'autre ayant retenu mon attention.

Henri Norbert en jeune premier à l'Arcade. Cette photo me ramena douze ans en arrière, alors que j'avais seize ans et avais voulu m'inscrire à des cours privés d'art dramatique.

Enfant doué et sans le sou, j'avais un mécène, un « bienfaiteur », comme on disait à l'époque de mon adolescence, un cousin de ma grand-mère qui payait mes études au collège. Jusque-là, on m'avait mis chez les Sœurs de la Providence au lieu de m'envoyer à l'école publique, qui n'avait pas la réputation de donner une formation aussi complète.

Pit Bourcier, ledit cousin de ma grand-mère, était plutôt réfractaire à l'idée de me voir abandonner des études classiques où mes talents d'acteur étaient encore ignorés pour aller rejoindre les rangs des futurs chômeurs qu'étaient les pseudo-artistes de L'Échourie. Il refusait de m'aider si je devais m'aventurer hors des sentiers battus de l'éducation. Lorsque je lui fis part de ma décision de quitter le collège pour me consacrer à la carrière de comédien, il me répondit plutôt sèchement : « Si j'ai payé tes études jusqu'à maintenant, c'est parce qu'on voulait un prêtre dans la famille. Je vais certainement pas t'offrir des leçons privées chez quelqu'un qui va faire de toi un homosexuel. »

Les craintes de mon bienfaiteur n'étaient tout simplement pas fondées ; Henri Norbert n'était pas attiré par les jeunes garçons de mon gabarit.

Bien sûr, des bruits couraient sur la sexualité déviante de certains artistes. Cependant, malgré le nombre impressionnant d'invertis qui garnissaient le bottin de l'Union des artistes et d'anciens siphonneux de balustres qui hantaient les couloirs de Radio-Canada, je me sentais plus en sécurité dans ce milieu que dans un certain externat de mon adolescence...

Arrête de sticker *sur Henri Norbert ! Viens voir la chambre des cadeaux, ça va te rappeler des souvenirs.*

Elle me fit pénétrer dans une petite pièce et me laissa là, dans le noir, pendant qu'elle changeait le disque de Lucienne Boyer.

Le chuintement du disque oublié sur la platine fit place à une samba endiablée chantée par Muriel Millard. Esquissant quelques pas de danse, Germaine revint du salon pour me tirer hors de la pièce aux cadeaux.

J'étais de nouveau dans le corridor et elle avait décidé, avant de poursuivre la visite, de me raconter un des hauts faits de l'Innommable.

Sais-tu ce que Celle-dont-il-est-interdit-de-prononcer-le-nom-en-ma-présence a déjà fait à Muriel Millard, un soir de gala au Forum ? Tu le sais pas ? Eh bien, tu vas le savoir !

Je n'avais évidemment pas eu le temps d'exprimer la moindre opinion sur le sujet.

Pars du principe que tu sais vraiment rien tant que t'as pas entendu ma version.

Elle prit une profonde respiration qui laissa présager que je saurais enfin tout sur un des nombreux scandales attribués à sa rivale.

Demande-moi surtout pas des détails du genre : Pourquoi ce gala-là ? Qui l'avait organisé ? Je te préviens : me fais pas perdre mon temps avec des détails aussi niaiseux. I prefer get directly to the punch.

Elle se remplit à nouveau les poumons et repartit de plus belle.

Gala au forum !

Son geste m'avait permis d'imaginer l'affiche pendant que le tonnerre, qui s'était fait oublier depuis notre arrivée, se fit entendre accompagné d'éclairs zigzaguant aux quatre coins du ciel.

Il était possible d'assister en partie au spectacle de la nature par la double fenêtre du grand salon que nous pouvions apercevoir au fond du large corridor.

La lumière électrique faiblit un instant. Nous crûmes à une panne. Germaine se dirigea vers une console, entre deux portes. Elle avait ramassé un briquet, en passant, sur une petite table d'angle et elle s'apprêtait à allumer le premier cierge d'un chandelier à sept branches.

L'objet me fit penser que les bruits qui couraient sur ses origines juives étaient peut-être fondés.

La lumière cessa de vaciller et retrouva toute son intensité. Un coup de vent fit voler les rideaux légers de la fenêtre. Le briquet fut soufflé et Germaine, la main tendue dans les airs, sourit, satisfaite des effets spéciaux que Dame Nature semblait avoir voulu ajouter au geste d'éclat de la

« Carmen Miranda » du Nord. L'expression était de mon cru, et je n'en étais pas peu fier.

Elle poursuivit :

> *Pour le gala en question, les trois chanteuses populaires de l'heure avaient été invitées à venir chanter chacune une chanson, pour le numéro de fermeture du spectacle. Elles devaient se présenter avec leur accompagnateur pour répéter avec l'orchestre, à la dernière minute, le jour même de la représentation...*

Un éclair timide traversa le ciel au-dessus des maisons d'en face. Le temps était de plus en plus lourd. Je détachai le col de ma chemise, défis le nœud papillon et reportai mon attention sur Germaine.

> *Toujours est-il qu'il fallait bien que l'organisateur décide laquelle des trois allait finir la soirée.*

Le tonnerre, qui éclata alors, ressemblait à un roulement de tambour accompagnant ce qu'on aurait pu appeler *Le Drame des trois chanteuses.*

> *Lucille Dumont commençait à grimper sérieusement les échelons à CKVL. Elle passait plusieurs fois par jour à « La Parade de la chansonnette française » et elle avait sa demi-heure à CKAC avec Léo Lesieur.*

La présentation de la jeune diseuse étant terminée, elle passa vite sur « Celle-sur-qui-on-ne-s'attarde-pas ».

> *« Celle-qui-pensait-qu'elle-faisait-une-carrière-internationale » continuait à penser qu'elle faisait une carrière internationale, mais Muriel était la plus populaire, à cause de son petit air crasse. Elle avait du chien et du pétillant dans l'œil.*

Je surpris chez elle un air rêveur.

Plus tard, quand elle a commencé à se mettre des plumes dans le cul, elle était pas battable.

Mais son esprit critique reprit le dessus :

Il lui arrivait peut-être de crier un peu trop quand elle chantait, mais des trois chanteuses, selon mes critères à moi, c'était la plus sparkle, *la plus* tight *!*

Après ce moment d'épanchement à propos de sa consœur qui, en ce soir d'automne de l'Expo 67, devait déjà songer à une retraite dorée où elle s'adonnerait à la peinture, son passe-temps préféré, Germaine revint au sujet principal.

Évidemment, c'est la grande Lucille, déjà femme du monde malgré son jeune âge, qui a cédé. Elle a accepté sans faire d'histoires de passer en premier.

Elle s'arrêta et pointa l'index sur moi pour donner plus de poids au commentaire qui allait suivre.

C'est pas pour rien que Lucille Dumont est devenue « La grande dame de la chanson ». Laisse-moi te dire que c'était mérité. Ça, c'était une vraie lady !

Un tel enthousiasme sur les qualités personnelles de Lucille Dumont ne lui enlevait quand même pas tout sens de la mesure. Elle savait repérer à des lieues une faute de mauvais goût.

Pauvre Lucille ! Mon Dieu, des fois, qu'elle s'arrange mal ! Je me souviens quand elle a chanté Le ciel se marie avec la mer, *avec ses boulettes de steak haché sur les oreilles !*

Je compris que Germaine était l'auteur de la formule, pour le moins précise et imagée, servant à désigner la coiffure nattée et ramenée sur les oreilles que Lucille avait adoptée pour une émission de télévision. Comme pour venger cette dernière, la samba se mit à hoqueter sur le phono. Germaine alla retirer le 78 tours et le rangea, semblant vouloir mettre un terme à son rôle de disc-jockey. Elle referma également le couvercle du gramophone et revint se placer devant moi.

Le fait que Lucille avait accepté de passer en premier réglait juste une partie du problème, et c'est l'organisateur qui a tranché en décidant que c'était Muriel Millard et sa samba qui allait clôturer le fameux gala.

Elle martela chaque mot pour donner à son discours tout le poids nécessaire :

Sais-tu ce que la Troisième Chanteuse a fait, le soir du gala ? Elle a pris la peine d'arriver en retard pour pas avoir à répéter avec l'orchestre, et elle s'est tout simplement pointée sur scène avec son pianiste pour chanter la samba qui appartenait à Muriel qui braillait en coulisses et à qui il restait juste deux choses à faire : rentrer chez elle ou défigurer sa rivale sur scène. Muriel a décidé d'être raisonnable et elle est partie chez elle en déclarant : « Y en a assez d'une du genre, dans le métier ! »

Son histoire bien bouclée, Germaine me repoussa dans la pièce aux cadeaux.

Viens voir ton Utrillo, mon cœur.

J'entrai dans la pièce après qu'elle eut, cette fois encore, réglé tous les éclairages, allant d'une lampe à l'autre qu'elle recouvrait parfois d'une étoffe légère, pour rendre l'atmosphère plus intime. Elle fut un guide parfait, m'indiquant la provenance de chaque objet qui avait eu l'honneur d'être exposé dans ce petit salon. Le moindre cadre lui rappelait un ami, un riche amant – surtout un riche amant.

Quand elle commençait à s'étendre sur le sujet, Germaine devenait intarissable, et le nombre d'hommes qui l'avait soi-disant entretenue décuplait tout au long de la conversation.

Dans la pièce, un mur était consacré à ce qu'elle appelait ses Maîtres. Plusieurs toiles de différentes grandeurs, aux cadres disparates. Certaines étaient authentiques, des croûtes pour la plupart, qui côtoyaient de prétendues œuvres d'art, en réalité de simples reproductions. Mais Germaine mettait autant de passion à les décrire que si ces toiles avaient eu une valeur inestimable.

J'avais pu mesurer, quelques années auparavant, l'importance qu'elle accordait au moindre cadeau, jusqu'à le rendre plus précieux que tout. Je connaissais alors Germaine depuis bientôt trois ans, nous étions devenus les meilleurs amis du monde, et il m'arrivait de l'inviter à mon appartement de la rue Ridgewood.

Elle avait accepté depuis le début le fait que j'étais homosexuel et vivais en ménage au vu et au su de toute l'Union des artistes. Elle en connaissait long sur le sujet, et elle se fichait royalement des préférences sexuelles de ses camarades de travail. Ce n'était pas une simple orientation sexuelle, présumée ou avérée, qui allait tempérer ses désirs de conquête.

> *To be entertained by a fag or a real guy, for heaven's sake, where is the big difference !*

Il lui arrivait parfois de parler anglais pour éviter certains mots français qui auraient eu l'heur de me choquer. Mon sens de l'humour et de la répartie faisait des progrès rapides en sa compagnie et sa forte personnalité déteindrait sur moi un jour. Mais pendant ces dix années où je la côtoyai au Théâtre du Rideau Vert, je me contentai de me taire et d'apprendre.

Un mot maintenant du fameux Utrillo.

Un soir, nous fêtions chez moi le triomphe de Germaine dans *Chat en poche,* de Georges Feydeau. Elle venait de faire honneur aux robes somptueuses de François Barbeau. Elle était assise dans le salon, devant la reproduction jaunie d'une toile de Maurice Utrillo représentant la place du Tertre à Montmartre. Elle la fixait depuis un certain temps quand je me suis approché, m'inquiétant de son mutisme et essayant de comprendre comment un tableau aussi anodin pouvait provoquer une telle extase.

Elle se retourna vers moi et lança, avec plein de sous-entendus dans la voix :

Ça, Maurice Utrillo, ça avait du « doigté » avec une femme.

Elle excellait dans l'art de dire une chose et d'en suggérer une autre par l'intonation et les regards entendus qu'elle décochait tout en prononçant certains mots.

Avait-elle connu Utrillo intimement comme elle le laissait entendre à demi-mot ? Allez savoir. Mais il me semblait que lui offrir la toile de cet homme qui l'avait si favorablement impressionnée était la moindre des délicatesses.

Quelle ne fut pas ma surprise plus tard en voyant, photo à l'appui, dans le journal *Échos Vedettes* daté du 27 août 1967, un reportage sur Germaine Giroux et le merveilleux Utrillo qu'un grand ami lui avait rapporté de Paris ! Mais elle avait passé sous silence une quelconque aventure avec le maître.

Ce souvenir m'avait retenu trop longtemps. Je fis plus rapidement le tour de la pièce. Je la sentais impatiente de m'entraîner ailleurs.

Maintenant, viens dans ma chapelle que je te présente papa.

Elle me fit pénétrer dans une toute petite pièce sans fenêtre. L'éclairage était assuré par de jolies lampes *tiffany* qu'elle s'empressa d'allumer.

Sur un guéridon était exposée la fameuse photo de ses débuts.

Germaine Giroux avait été d'une étonnante beauté. Racée, le regard vif, avec beaucoup de détermination. Dès qu'elle me vit me diriger vers la photo, elle m'entraîna vers un autre petit meuble, situé de l'autre côté de la pièce.

Avant d'admirer la fille, viens te pâmer sur la beauté de son géniteur.

Son père ressemblait à Beethoven. Elle avait hérité de lui une beauté sauvage et une tête de lionne.

Je me suis toujours demandé si, des deux, papa avait pas mieux aimé Antoinette. Parfois il me disait, en regardant cette photo-là : Toi, t'es belle. Antoinette, elle, a du talent. J'ai jamais su s'il blaguait vraiment.

Pour la première fois, moi qui la connaissais depuis bientôt dix ans, je vis apparaître une faille dans le personnage.

Une fragilité. Je m'aperçus aussi que le maquillage, vu l'heure tardive, trahissait de plus en plus son âge. Des craquelures se frayaient un chemin de sous les yeux jusqu'aux commissures des lèvres. Le rouge à lèvres bourgogne, qui avait coulé, avait taché ses dents. Sous le turban, on apercevait le début des « joies de vivre » retenant la chair de ses joues.

Je n'eus pas le temps de m'attarder à ce détail. Elle venait de reprendre la pose de la photo. Elle avait tout à coup l'air farouche et montrait la même détermination. Malgré les artifices cosmétiques qui semblaient vouloir la trahir, elle avait trente ans de moins, et je voyais dans le regard de la fille la même intensité que sur la photo réalisée par le père.

> *La petite t'a fait mentir, papa. J'étais belle dans* The Spider Woman, *mais j'étais bonne en bâtard dans* Madame Sans-gêne.

Elle se mit à évoquer le succès que lui avait valu ce rôle important du répertoire d'avant-guerre, rôle qu'elle avait joué à plusieurs reprises à guichets fermés, quand elle était au sommet de sa gloire. Tout le monde savait qu'elle rêvait de le reprendre, mais tous savaient également qu'elle était beaucoup trop vieille pour cela. Elle seule semblait l'ignorer, ou du moins nier l'évidence pour mieux rêver.

Elle regarda une dernière fois la photo et la posa sur le guéridon. Je crus voir Gloria Swanson dans *Sunset Boulevard.* Elle passa devant moi en redressant la tête et sortit de la pièce sans dire un mot de plus. Je n'avais d'autre choix que de la suivre, mais, avant de quitter la chapelle, j'aperçus un châle oublié sur une bergère au tissu déchiqueté, probablement par les griffes de la grosse chatte Choupette qui avait certes connu les splendeurs de la maison de ville de Westmount, mais qui avait surtout connu le calme et la chaleur de Coteau-du-Lac.

Germaine avait la manie de conserver de chaque spectacle un accessoire ou un costume. En plus de sa fameuse collection de souliers à plate-forme, on disait ses penderies remplies de centaine de chapeaux, étoles de fourrure, robes des années trente. Ce châle oublié sur le fauteuil avait peut-être couvert ses épaules dans *Madame Sans-gêne*...

Tout en essayant d'imaginer la chatte Choupette en train de se faire les griffes, je voulus revoir la maison de campagne, où je n'étais allé qu'une fois. Il me revint plutôt en mémoire une visite surprise faite avec Germaine chez tante Yvette, à la Terrasse-Vaudreuil, en route vers Coteau-du-Lac.

Je savais que ma tante et ma mère, alors adolescentes, avaient assisté à une représentation de *La Dame aux camélias* dans laquelle jouait Antoinette Giroux. Je n'avais pas le droit de rappeler à Germaine ce détail qui ne la rajeunissait pas. Mais pendant cette visite chez celle qui m'avait élevé, je découvris chez la vedette une autre femme, simple et chaleureuse lorsqu'elle rencontrait quelqu'un, à qui elle parlait comme à une voisine de palier.

À peine venions-nous de descendre de la voiture que tante Yvette rejoignait Germaine dans l'allée goudronnée, pour lui annoncer, sur le ton d'une conversation engagée depuis fort longtemps : *Quand on allait vous voir à l'Arcade, ma sœur Alice et moi, ça nous coûtait douze cennes chacune pour être assise dans la première rangée du balcon. On en avait pour notre argent. On était tellement heureuse de pouvoir pleurer pendant deux heures !*

Tante Yvette ne se laissait jamais impressionner par les vedettes que j'entraînais chez elle à tout bout de champ. La glace était rompue rapidement, et l'invité venait à peine de mettre le pied dans la cuisine qu'un pâté chinois était déposé sur la table et que la conversation s'engageait sur l'état du potager et les frasques de l'indomptable lapin qui, disait ma tante, venait, depuis bientôt cinq ans, lui voler ses carottes.

Pour ma part, je ne me ferais jamais à l'idée de rencontrer les vedettes. Je resterais toujours un enfant du bas de la ville impressionné par les comédiens que j'avais découverts dans ma jeunesse et avec lesquels j'étais appelé à jouer.

Je sentais le besoin de trimbaler tout ce beau monde chez ma vieille tante, comme pour lui prouver que je réussissais dans ce métier-fait-pour-les-autres. Car pour les gens de la génération de ma tante, et surtout pour ceux de sa classe sociale, un petit gars du centre-sud, né tout juste après la Crise et qui avait « joué au magasin » avec les jetons bleus percés dont il avait hérité quand le rationnement avait pris fin après la guerre de 39-45, ce sans-le-sou ne pouvait tout simplement pas avoir les contacts nécessaires pour réussir dans un métier aussi privilégié. Même si mes parents n'en croyaient rien, certaines personnes disaient que pour obtenir un rôle à Radio-Canada, il fallait être franc-maçon et marcher sur un crucifix, pratique à laquelle, en bon chrétien de treize ans, j'aurais d'ailleurs refusé de me soumettre.

Mais à la Terrasse-Vaudreuil, au milieu de cette belle journée de la fin de l'été 1963, le pâté chinois attendrait. Yvette avait entraîné Germaine vers le fond du potager pour arracher avec elle les dernières mauvaises herbes.

Avant d'entreprendre le travail, les deux femmes avaient remué des souvenirs. Germaine était devenue une femme à l'écoute de ce qu'une ancienne habituée de son théâtre avait retenu de cette belle époque : *Raoul Léry ! Hé qu'il était beau, cet homme-là ! Et votre sœur Antoinette, quelle grande actrice !*

J'en profitai pour m'éclipser. Ma tante venait d'attaquer un sujet qui fascinait Germaine : le grand talent d'Antoinette, la sœur vénérée, qui mourait si bien dans *La Dame aux camélias.*

Je sentais un grand courant d'amitié passer entre les deux femmes. Les herbes indésirables avaient été éliminées et toutes deux commençaient à cueillir les premières tomates de l'été.

L'étape suivante serait la visite de la cave, où on entrait en courbant le dos. La visite à la cave était la condition *sine qua non* pour que l'invité reparte les bras chargés de pots de sauces maison, de ketchup vert et de ketchup aux fruits, de betteraves marinées, de quantité de concombres frais, de haricots jaunes fraîchement cueillis ou marinés dans une sauce à la moutarde.

Je préférai me retirer dans la cuisine d'été, d'où je les regarderais placoter au loin.

Je fis mon tour de maison habituel, m'attardant à une petite toile représentant un paysage d'automne. Une huile que j'avais peinte entre douze et treize ans, court laps de temps où j'avais décidé d'abandonner mes idées de prêtrise pour devenir peintre.

Je revins jeter un coup d'œil depuis la fenêtre. Les deux nouvelles amies étaient déjà sorties de la cave et ma tante rangeait ses présents d'hôtesse dans une boîte en carton, en ajoutant pour l'occasion un énorme bocal rempli de sa délicieuse bouillotte des pompiers*.

Je surpris tout à coup un geste de Germaine qui me fit comprendre qu'elle s'était mise à raconter un chapitre de

---

* La recette de ce plat familial par excellence se trouve dans *La Revanche du pâté chinois,* Leméac, 1997.

sa vie new-yorkaise. Voilà qui risquait sérieusement de retarder notre départ pour Coteau-du-Lac !

Pour passer le temps, je décidai de consulter l'un de ses nombreux *scrap-books* où ma tante entassait la moindre photo parue dans le journal, surtout dans la colonne nécrologique.

Je feuilletais ces pages depuis une dizaine de minutes quand je tombai sur un cahier d'écolière que je n'avais jamais vu. À l'intérieur, une page de journal jaunie mais soigneusement découpée. Le nom du journal, *Le Canada français,* apparaissait en haut d'une photo de Germaine jouant dans *Madame Sans-gêne.* Il y avait aussi, à droite, la une de la revue *Photo Modèle* qui semblait relater les déboires de Germaine à New York. Une photo d'elle, avec ce titre : *Germaine Giroux doit quitter Broadway.* Rien d'autre. Pas d'article.

Le plus émouvant était à la page suivante : une photo dédicacée, format carte postale, de Raoul Léry.

À mon Yvette adorée, Raoul Léry.

Pourquoi ma tante m'avait-elle toujours caché ces beaux moments de ses vingt ans, du temps qu'elle était groupie ? Jamais je ne lui en parlai. Je décidai de respecter son silence. Le temps n'est peut-être pas si lointain où elle découvrira que je connaissais son secret.

Amène-toi, mon cœur, je veux que tu voies ma collection de puzzles ! Ça va te rappeler des souvenirs.

Je venais d'être ramené à la réalité et je dus la suivre dans une autre pièce au décor très étrange. Les murs étaient couverts de casse-tête montés sur des cartons forts. Ces casse-tête étaient parfois encadrés. Mais la plupart du temps ils étaient simplement épinglés aux murs. On pouvait y admirer *Les Nénuphars* de Monet, la tour de Londres, et même un coucher de soleil sur une plage d'Hawaï. Germaine fréquentait tous les genres de puzzles et tous les genres avaient une place de choix, fût-ce au plafond.

À mesure que se poursuivait la visite, je compris que j'étais entré dans un immense salon double et que la deuxième partie de la pièce était occupée par cinq ou six tables de modèle ancien, sur lesquelles étaient disposés des dizaines de puzzles inachevés. À peine venait-elle d'entrer dans la pièce que Germaine se dirigea vers l'une des tables et se mit à la recherche de l'endroit où elle pourrait caser tel petit morceau qu'elle venait de choisir au hasard. Tout en cherchant des yeux, elle m'entretenait calmement de sa passion.

Tu vois, les puzzles, c'est vraiment eux autres qui m'ont tout appris ce que je sais. Je peux te raconter Venise et ses canaux, son Ponte Vecchio ! Le pont des Soupirs !

Je la sentais prête pour une autre de ses célèbres envolées.

Je veux bien croire que le monde qui passait par le pont des Soupirs allait se faire décapiter, mais mourir après avoir traversé un pont couvert qui s'appelle le pont des Soupirs, peux-tu rêver plus romantique que ça toi, bonne Sainte Vierge ?

Elle entreprit sa propre visite guidée des lieux. Elle me désigna un premier casse-tête.

Ça c'est un de mes plus beaux. Mon premier. Mon bébé : seulement mille cinq cents morceaux. J'étais pas trop trop aventureuse dans le temps.

J'eus droit à une visite de Venise au grand complet, accompagnée d'un tour de l'Europe, du nord au sud, de l'est à l'ouest, du Moyen Âge au vingtième siècle en passant par la Renaissance.

C'est comme ça que j'ai découvert que Botticelli était le plus grand peintre de la Renaissance italienne. Et puis maintenant, je connais son œuvre au grand complet grâce à monsieur Jigsaw. Hé que j'aurais aimé ça, le rencontrer, cet homme-là, et pas être obligée d'aller courir aux États-Unis pour y trouver les nouveautés ! Tu te souviens combien de temps ça m'a pris pour dénicher ma Mona Lisa ?

Pendant que je cherchais des yeux le fameux puzzle, elle attira mon attention vers une de ses grandes réussites :

Le Printemps *de Botticelli, mon cœur ! Cinq mille morceaux ! Des milliers de teintes ! Des tissus avec des fleurs aux cent couleurs ! Les tissus sont tellement beaux, c'est bien simple, on se croirait chez Marshall's !*

J'aperçus enfin *La Joconde* sur un pan de mur. Seule. Mise en valeur, comme il se devait, par un magnifique cadre ancien sculpté, entièrement recouvert de dorure.

Regarde si elle est belle ! Ça, c'est un puzzle qui a été mis sur le marché, laisse-moi réfléchir, en 1948. Je m'en souviens comme si c'était hier : je venais de me faire avorter pour la dernière fois.

Elle décrocha l'objet avec le plus grand respect et le tint à distance. De sa main droite, elle me montrait chaque détail qu'elle voulait me faire apprécier.

Regarde le ciel, il y a deux cent cinquante morceaux, juste dans ce coin-là. Si tu redescends ici, tu vois le petit arbre au fond, ça j'ai sué là-dessus trois heures et demie ! Cinquante morceaux dans des tons passés, des coloris pas trop précis. Regarde bien ses mains. Regarde les belles mains. C'est là que Leonardo montre tout son talent, c'est tellement difficile à faire des mains. Non, mais regarde-lui les mains !

Elle changea brusquement de ton, comme elle seule savait le faire.

Mais surtout, regarde-lui pas la face ! Elle a l'air tellement bête. Ils appellent ça un sourire. Moi, si j'avais souri de même, je serais restée dans le fond de ma cour certain ! Elle, avec cet air de beu-là, elle a réussi à faire une carrière internationale.

Après mûre réflexion, elle décréta :

Elle devait avoir du pushing *certain ! Faut dire que de se faire tirer le portrait par Leonardo Da Vinci, ça doit mettre une fille sur la map !*

Elle avait prononcé le nom du peintre avec un fort accent américain, comme chaque fois qu'elle prononçait un nom étranger, même italien.

D'autres disent que le modèle c'était un homme. Ça m'étonnerait pas, c'étaient tous des fifis, les peintres de ce temps-là !

Elle fut tout à coup secouée d'un grand rire.

Plattsburgh ! Plattsburgh ! Plattsburgh !

Elle se retenait pour ne pas se mettre à tourner sur elle-même.

Tu te souviens comme j'étais folle de joie quand je l'ai trouvée, cette Mona Lisa*-là. J'avais ameuté la foule. Un trésor que je cherchais depuis quinze ans !*

Ameuté était le mot juste.

Je m'étais pas juste contentée de celui-là ! On a failli jamais revenir tellement j'en avais acheté ! La Citroën était pleine ! Billie et Antoinette avaient les jambes remontées jusqu'au menton, tellement on en avait entassé sur le plancher, derrière le conducteur. Et la valise ! C'est juste si on avait réussi à la fermer ! Le douanier nous avait laissé passer de justesse. Heureusement qu'il me regardait dans Les Belles Histoires des Pays d'en Haut *!*

Ce qu'elle évitait de préciser, c'était comment s'était terminée notre visite aux États-Unis. Elle insistait pour qu'un jour je la mène aux douanes américaines. Elle devait renouveler ses papiers américains. Elle était très fière de sa double nationalité.

> *Tu comprends, il faut que je sois prête à partir du jour au lendemain pour retourner aux États. Ça va être tout un retour ! Attachez vos tuques ! Je vais descendre la route 9, en suivant Broadway, depuis les douanes, jusqu'à la Forty-Second Street, where I belong, baby !*

Elle n'appartenait pas qu'à Broadway. Dès qu'elle avait traversé les douanes, elle devenait une autre femme. Elle rajeunissait. Le simple fait d'entendre parler anglais la stimulait.

Ce jour-là, aussitôt qu'elle avait aperçu la *Joconde* au rayon des jouets d'un grand magasin d'un *mall* de Plattsburgh, elle s'était mise à sauter et à crier, la boîte à la main :

> *Je l'ai trouvée, je l'ai trouvée, ma Mona Lisa, je viens de la trouver !*

Fort heureusement pour elles, les deux sœurs avaient préféré nous attendre dans la confortable Citroën. Antoinette trouvait que Germaine était parfois excessive. De petits groupes avaient commencé à se former autour d'elle, curieux de savoir ce qui venait d'arriver à cette exubérante Québécoise.

Voyant qu'elle avait réussi à attirer le chaland, elle était passée à l'anglais.

> *Ladies and gentlemen, I have just found a Jigsaw puzzle I am looking for since fifteen years. Since 1948 in fact. Let me think : we are in 1966... Soixante-six moins quarante-huit, j'emprunte « un », je retiens 5...*

Elle acheva son calcul :

For God's sake, it's not fifteen years, it's almost twenty !

Elle s'était tournée vers moi pour ajouter :

Si je veux que tout le monde me comprenne, je vais parler en anglais. C'est juste normal d'être poli. « In Rome, do like the Romans. » Ces gens-là m'ont déjà tellement aimée ! Inquiète-toi pas, je vais traduire à mesure, mais pour le moment j'ai rien dit encore que j'avais pas déjà dit en français.

Pendant ce bref retour à la langue française, quelques clients étaient partis, croyant qu'ils n'apprendraient rien de plus de cette gentille mais drôle de dame. Elle avait couru derrière eux dans la rangée latérale qu'ils venaient d'emprunter, pour les ramener parmi le public de badauds, visiblement intéressés à en savoir plus sur le fameux puzzle.

Before I tell you about the puzzle, I would like to present myself.

Elle avait claironné cette phrase dans tout le magasin, essayant d'attirer l'attention des quelques vendeuses qui étaient restées à leur comptoir, loin de soupçonner que la foule allait maintenant entendre les confidences d'une ancienne star du cinéma muet à New York.

Germaine avait aussi tenté sa chance à Hollywood, où elle avait réussi à jouer dans un moyen métrage vaguement inspiré de *The Spider Wowan.* Le film n'était resté sur les écrans que pendant quelques semaines. Les bonzes de Hollywood, qui ont toujours eu le sens des affaires, avaient compris dès le début que Germaine n'attirerait pas les foules. Après avoir retiré le film de l'affiche, on en avait fait un *remake* avec une Teda Bara déjà vieillissante que l'on avait tirée de sa retraite sans grand succès. Le film avait été un échec monumental.

Qu'allait-elle pouvoir raconter à son public américain ? Je l'avais vue se préparer. Après avoir pris une profonde inspiration, elle avait relevé la tête et rentré le ventre. J'avais alors compris, puisque je commençais à bien la connaître, qu'elle allait s'embarquer dans un très long monologue. Comment avais-je pu douter d'elle un seul instant !

> *My name is Germaine Giroux. I am the sister of Antoinette Giroux who played* L'Aiglon *with Jacques Auger at The Odeon theatre in Paris, France. You might know Jacques Auger, he played for Alfred Hitchcock in* I Confess.

Elle s'était retournée vers moi.

> *Savais-tu ça, toi, qu'Auger avait joué pour Hitchcock dans* I Confess *? C'est lui qui faisait le voisin qui venait semer le trouble.*

Elle s'était ravisée.

> *Oh non, c'était Ovila Légaré qui brassait la grande braoule !*

Elle était revenue vers les Américains.

> *Excuse me, I made a mistake. You don't know Jacques Auger. It is Ovila Légaré who played the troublemaker in* I Confess, *Jacques Auger played in* La Forteresse *with Yvette Brind'Amour.*

Elle insista détachant bien toutes les syllabes :

Yvette Brind'Amour ! She was playing an extra in the movie.

Elle avait tenu à éclaircir certaines choses à propos d'Yvette et s'était tournée vers moi une troisième fois.

À la même époque, est-ce qu'elle avait fondé le Rideau Vert ou si elle était encore au Montreal Repertory Theatre ?

Puis, de nouveau, elle s'était adressée à son cher public.

But even if Yvette just played an extra in that film you didn't see, La Forteresse, *you might know her just the same, because she made a tour with me, right here in Plattsburgh, Nouvelle-Angleterre. In 1949. We played just behind the supermarket, at the Civic Center. I was playing the servant in* La Dame aux camélias, *based on the movie* Camille *of Alexander Dioumas, played by Greta Garbo.*

De l'entendre prononcer à l'américaine le nom du grand auteur avait fait ma joie.

On that tour, it was Antoinette, my sister, a great star in Paris, France, who played the consumption lady.

Elle avait voulu apporter une précision :

I said Paris, France, because you have a few Paris too, here in your beautiful country. Receive my congratulations.

Elle était retournée à ses jugements artistiques.

> *And it is not because she is my sister, but I honestly think that she was more the* personnage *than Greta. Greta was a little too butch for the part.*

Elle m'avait fait part en français de son opinion sur la Divine, croyant sans doute que je n'avais rien compris de ce qu'elle avait dit en anglais.

> *Greta Garbo était beaucoup trop hommasse pour le rôle. Elle avait pas la classe d'Antoinette. J'ai jamais vu une héroïne romantique avoir les épaules aussi carrées. C'est vrai qu'elle vient de la Suède : elles sont bâties comme des glacières par là !*

Avant de retourner à son nouveau public, plus captivé par le personnage que par l'histoire, elle m'avait fait une dernière remarque.

> *As-tu compris ce que je leur ai raconté à propos d'Yvette et de la tournée ? Oblige-moi pas à traduire ! Si je me la ferme pas en français, je vais les perdre.*

Sans plus attendre, elle avait repris sa voix de conférencière et réattaqué en anglais.

> *Finally, Jacques Auger is not known here in the States, because* La Forteresse *was not translated. But you should know Ovila, not only because of* I Confess, *but also because he was, once upon a time, a folklorist. He came here with la Bolduc in the tournées Grimaldi, at the same place I was playing in* Camille *with Antoinette and Yvette Brind'Amour, who has also played the part later on in her theatre :* The Green Curtain.

Le public yankee ne semblant pas avoir reconnu cette dernière, elle y alla d'une dernière tentative :

Yvette is not really tall but she has a very good maintien. *It is easy to understand. She is a great ballet dancer. She studied with Morenoff, right at the corner of Saint-Hubert and de Castelnau. She has made a career here in USA too. She was a little rat at the Met.*

Germaine s'était frappé le front de la paume de sa main droite et s'était retournée vers moi.

Hé que je suis bête ! Elle s'appelait pas Yvette Brind'Amour, son nom de scène, c'était Yva Brina.

Elle s'était retournée vers les Américains de plus en plus héberlués.

Brina ! Forget about Brind'Amour. It was Brina, Yva Brina !

Et revenant vers moi, elle conclut :

Je vais arrêter de m'acharner : ça a bien l'air qu'Yvette Brind'Amour c'est une nobody *pour eux autres.*

Elle avait ajouté, indécise :

Je pense que même si Gilles Pelletier jouait le jeune curé dans I Confess, *je m'embarquerai pas là-dedans ; on le voyait toujours dans le fond de l'église, même lui s'était pas reconnu.*

Elle avait décidé de revenir sur Ovila, le plus susceptible de créer un certain intérêt :

To finish with Ovila Légaré, if you absolutely want to see him on TV, you can catch Le Survenant *on channel two, every Tuesday night at 8 o'clock. If you have some snow on your screen, you just have to put some S. O. S. pads on your rabbit ears.*

Ayant délaissé son auditoire, elle s'était retournée vers moi une dernière fois pour me demander :

Est-ce qu'ils ont ça, des oreilles de lapin ?

Elle avait préféré répondre elle-même à la question.

Ben oui, franchement ! C'est eux autres qui les ont inventées !

Elle racontait cette histoire d'oreilles de lapin depuis les tout débuts de la télé, au milieu des années cinquante. Elle continuait de le faire, en la servant à toutes les sauces. Mais elle oubliait parfois un détail : le téléroman *Le Survenant* n'était plus à l'horaire depuis belle lurette.

L'assemblée au grand complet avait cru le discours terminé, moi y compris, mais Germaine avait ouvert les bras et baissé la tête, comme pour rendre hommage au peuple américain.

The last thing finally, I would like to tell you rapidly, because I won't keep you with my Jigsaw puzzle's stories, which finally are personal. I simply wanted to thank you to be the great nation you are, and tell you that if I have the chance to make a comeback one day, it will be here, at the Civic Center of Plattsburgh, I promise, before I make my retour *on Broadway.*

Superbe, elle avait tourné le dos à son public, m'avait pris par le bras et entraîné vers l'allée centrale.

Viens-t'en avec moi, mon cœur, que je te montre ma Mona Lisa !

Si l'épisode au *mall* du centre-ville de Plattsburgh avait été sympathique, au retour, le passage à la frontière s'était révélé particulièrement pénible.

J'avais dû insister pour accompagner Germaine au Bureau des douanes américaines, car elle voulait y aller seule.

Devant le douanier, à l'intérieur des vastes bureaux, j'avais vite compris que la pièce d'identité défraîchie que Germaine lui avait tendue ne représentait rien pour cet Américain qui ne connaissait pas notre gloire locale. Elle avait beau lui expliquer qu'elle était connue en haut lieu et lui parler de sa carrière, allant même jusqu'à le mettre en garde, avec un accent shakespearien, reliquat d'un séjour à Stratford, Ontario.

> *You will regret your* bévue *when I shall be back where I belong !*

Lorsque je l'avais vue repartir dans ses explications, alors que le douanier s'entêtait à ne rien vouloir entendre, je m'étais éclipsé pour éviter de donner un témoin à sa déconfiture.

J'avais attendu devant la porte, évitant de regarder à travers la vitre qui nous séparait. J'avais fixé le *Liquor Store,* dont les néons commençaient à briller au loin. Nous étions entre chien et loup. Tout baignait dans la lumière incertaine de la fin d'un après-midi de début d'automne. Germaine était ressortie en annonçant :

> *Bon, il a fini par entendre raison ! When I told him I had an affair with J. Edgar Hoover, il pensait que j'avais baisé avec une balayeuse électrique !*

Elle avait soupiré bruyamment. J'y avais vu un signe de réelle sympathie pour celui qui avait été « le plus grand salaud d'Amérique ».

Pauvre Edgar ! Avoir été directeur du FBI et finir comme un nobody *aux yeux des douaniers de son propre pays. Ils ont tellement pas de culture, ces petits Américains-là !*

Et nous étions repartis en direction du Québec en nous remémorant l'épisode du *mall* plutôt que celui des douanes.

À notre arrivée rue Selkirk, j'avais fait au minimum quatre allers-retours pour transporter la cinquantaine de puzzles que l'on m'avait invité à déposer sur le palier.

Antoinette s'était retirée peu de temps après pour se reposer, souffrant de ses langueurs habituelles.

Billie, silencieuse, avait attendu en haut de l'escalier que je finisse de transporter les trésors de sa sœur.

Quant à Germaine, je l'avais entendue me remercier de loin. Elle était déjà en train de vérifier son maquillage et l'état de ses mystérieuses « joies de vivre » dans le miroir de la salle de bain.

Viens t'installer ici, mon cœur, que je t'annonce la grande nouvelle !

Germaine m'invitait à entrer dans le grand salon et à prendre place sur une causeuse victorienne. Elle se plaça en face de moi, debout, devant un magnifique récamier qui semblait authentique.

Ce décor d'une autre époque m'impressionnait. De retour chez moi, si j'avais voulu décrire les lieux, je n'aurais eu qu'à me référer à certains albums consacrés à Sarah Bernhardt ou à Colette.

Au fond du salon, la large porte-fenêtre aperçue de loin, drapée de lourdes tentures de velours bleu nuit. Devant, d'autres tables couvertes de puzzles.

Sur la droite, derrière la causeuse, un vaste placard occupait presque tout un mur et les portes, entrouvertes, laissaient voir l'intérieur, éclairé par une lampe torchère située à côté. La lampe était artistiquement braquée sur des centaines de chapeaux en feutre, de larges toques de fourrure et des turbans, par centaines également, véritables objets de collection. Certains ressemblaient à des pièces montées, tellement les tissus soyeux et les plumes s'entremêlaient pour offrir les parures de têtes originales qui avaient fait la réputation de Germaine. J'étais transporté.

Mais le véritable choc était à venir. Elle entama son discours.

Les cinq mille volumes hérités de mon père !

Annonça-t-elle, en m'indiquant le vaste mur de gauche, garni de lourdes bibliothèques en chêne massif.

J'avais souvent souhaité avoir le loisir de m'attarder dans une bibliothèque aussi impressionnante. J'avais toujours imaginé de vieilles éditions qu'il serait agréable de feuilleter. J'en profitai pour essayer de déchiffrer quelques titres en m'étirant le cou. C'est ainsi que je réussis à apercevoir la collection complète des œuvres de Victor Hugo reliée pleine peau et de couleur bourgogne. La patine, le rouge un peu délavé sur les couvertures laissaient croire à une édition ancienne et rare.

Pendant que je vivais ce moment avec émotion, Germaine piaffait d'impatience de prendre la parole. Aussi, je décidai de me concentrer sur ce qu'elle avait à m'annoncer. Pendant son monologue, j'aurais tout le loisir de me perdre dans la contemplation de son héritage imprimé.

C'était mal connaître Germaine que d'espérer pouvoir s'absenter, même en pensée, pendant qu'elle expliquerait ses nouveaux et nombreux projets.

Regarde-moi quand je te parle !

M'ordonna-t-elle avant de partir pour de bon dans une longue tirade.

Je t'ai raconté des milliers de fois que j'avais inventé un système pour régler définitivement les problèmes de stationnement à Montréal ! C'est une idée que j'avais eue dans le temps du maire Camillien Houde, qui avait carrément refusé. Ça avait été un gros non tout de suite. Comme il m'avait fait remarquer, et j'en ai été flattée : j'étais trop en avance sur mon temps. Le stationnement était pas encore un problème. S'il m'avait écoutée, il y en aurait jamais eu de problèmes, parce que c'était justement ça le but de mon invention : éviter d'avoir des problèmes de stationnement.

Elle fit une pause comme si elle attendait un rire ou une quelconque approbation, mais je me retins, craignant qu'elle ne se méprenne sur ma réaction. Je ne voulais surtout pas qu'elle croie que je mettais en doute la réalité de son invention.

Elle poursuivit son récit.

Là, le brevet est resté sur les tablettes jusqu'à l'arrivée de Jeannot. Pendant sa première campagne électorale, je l'avais spotté, le petit nouveau. Jeune. Fringant. Je lui avais promis mon appui s'il acceptait de parrainer mon invention après son élection. J'avais eu droit à toutes les promesses. Fin stratège, il avait compris que, connue comme j'étais, je pesais lourd auprès de l'électeur moyen.

De mon côté, j'avais plutôt tendance à le trouver beau garçon, mais avant même qu'il pense seulement à me faire des propositions, je lui ai fait comprendre que, même si je savais que c'était des First Ladies *avec de la classe, comme moi et Eleonor Roosevelt, qui avaient façonné l'histoire, j'étais pas prête à jouer dans le dos de sa femme, une petite Québécoise comme moi. Une Américaine, ça m'aurait fait tellement plaisir ! Comme je lui ai fait comprendre, je l'aurais tout simplement* upstagée.

C'était la première fois que je la voyais s'inventer une vie parallèle avec un personnage public. Aujourd'hui, c'était le maire d'une métropole, demain ce serait sans doute un grand fourreur, héritier d'une fortune de famille.

Je fus ramené au cœur de son « harlequinade », car elle avait baissé la voix comme si quelqu'un d'autre que moi pouvait entendre.

> *Il faut d'ailleurs que je rende à César ce qui lui appartient : elle est beaucoup mieux que moi pour les reportages style* house & gardens.

Ses prestations régulières dans les feuilletons radiophoniques et son cœur de jeune première romantique lui faisaient presque toujours déformer la vérité.

> *Je sais pas si tu t'en es rendu compte, mais il la montre pas souvent. De temps en temps. L'as-tu vue, toi, sur le balcon de l'Hôtel de ville, cet été, quand le grand Charles a crié* Vive le Québec libre *? Ou bien elle était là, et le général la cachait, ou bien, et c'est l'hypothèse la plus probable, comme d'habitude, elle était là et on l'a pas remarquée. Faut dire que ça doit pas être difficile de passer inaperçue à côté d'un homme comme De Gaulle. Belle pièce d'homme. Veux-tu bien me dire qu'est-ce qu'il fait avec son Yvonne ! Elle a l'air de sa mère !*

Elle avait le don de mêler fiction et réalité d'une manière étonnante. Elle avait dû cultiver ce talent dans le but de faire rire et s'était probablement laissé prendre au jeu au cours des années.

> *Tu vois ! j'aurais aimé ça comme vie : Antoinette qui marie de Gaulle, et moi, Kennedy. Des fois, on aurait*

pu se les échanger. Je te dis qu'avec moi dans le portrait, les Français auraient pissé drette !

Elle ajouta avec infiniment de regret dans la voix :

Eh bien non ! Antoinette a lâché la Comédie-Française et moi les théâtres de Broadway. Nos deux seules chances de rencontrer des hommes de notre rang !

Elle balaya de la main des souvenirs auxquels elle ne semblait plus vouloir accorder d'attention et fit une dernière remarque sur le grand homme et la situation politique au Québec.

Arrêtons de parler de De Gaulle. Il va finir à côté de Bobonne, à Colombey-les-Deux-Églises, il aura eu les orgasmes qu'il mérite et le Québec se séparera jamais.

Il était un peu tôt pour envisager une si triste perspective, mais son flair proverbial me fit m'inquiéter au plus haut point de cette prédiction sur l'avenir du Québec.

On devrait s'annexer aux États-Unis. Ça réglerait mes problèmes de papiers. Sans compter qu'on serait plus respectés.

Elle changea complètement de ton, lequel devint des plus quotidiens.

Au fait, fais-moi penser de te reparler de ça. You have to drive me to the States. Pour faire renouveler ma preuve de citoyenneté américaine. Tu vas comprendre pourquoi tout à l'heure.

Elle semblait avoir complètement oublié le pitoyable épisode que nous avions vécu il n'y avait quand même pas si longtemps.

Où est-ce que j'étais rendue, donc ?... Ah oui, Jeannot, la mairie !

Elle reprit avec une énergie renouvelée :

Dans les années cinquante, je voulais devenir First Lady. First Lady *de quoi,* First Lady *de qui,* First Lady *de où, fouille-moi, je m'en fichais ! Je voulais tout simplement être une* First Lady. *Period.*

J'avais reluqué du côté des États-Unis, mon pays d'adoption, mais le président américain, c'était Dwight Eisenhower. Un maudit militaire. Je les haïssais assez. Raciste, square *comme trente-deux, qui pensait rien qu'à tuer des pauvres p'tits Coréens que nous autres, on seraient pognés pour héberger ensuite. Et j'avais beau vouloir être une* First Lady, *c'était pas au point d'être obligée de me déguiser en CWAC jusqu'à la fin de mes jours !*

Elle changea à nouveau de ton et le réalisme fit place au romantisme.

Toute ma vie, j'ai rêvé de rencontrer un prince slave ou un chef d'État des Carpates. J'aurais une méchante collection de souliers ! Je pourrais enfin me retirer et faire la grande vie.

Benito Mussolini aurait peut-être trouvé grâce à ses yeux. Comme quoi les idées politiques n'étaient pas son fort. Elle choisit quand même quelqu'un de moins compromettant.

Le roi Farouk serait venu frapper à ma porte que j'aurais pris des cours de danse du ventre dans la semaine, pour devenir reine d'Égypte dans le mois.

À l'époque où le mariage de John Kennedy faisait la une de tous les journaux, on répétait, dans le milieu du théâtre, qu'elle aurait aimé être à la place de Jacqueline Bouvier.

Comme si elle venait de lire dans mes pensées, elle murmura presque imperceptiblement :

> *Si j'étais restée aux États, c'est moi aujourd'hui qui serais à la Maison Blanche, à Washington, D.C. Et j'aurais fait légaliser l'avortement.*

Elle mit fin elle-même à son rêve éveillé, en se secouant et en reprenant d'une voix ferme.

> *Jeannot, faut que je sois honnête, il a jamais exigé de moi quoi que ce soit, mais ma réponse était déjà toute prête. Jamais j'aurais même accepté de faire du* necking *avec lui tant que sa femme aurait été dans le portrait et que je lui aurais pas dit : « oui » tout habillée de blanc, avec le voile sur la tête et le bouquet de mariée dans les mains, au pied du grand autel de la cathédrale Marie-Reine-du-Monde, réplique de Saint-Pierre de Rome.*

Je l'avais toujours admirée en coulisse quand elle imitait les gens, racontant des anecdotes, mais c'était la première fois que je la voyais jouer son propre personnage ; avec toutes les nuances de jeu, toutes les couleurs d'une interprétation, à mi-chemin entre la parodie et le vérisme de certains mélos qu'elle avait défendus à la scène. Je la sentis soudain envahie par un sentiment d'amertume qu'elle ne tenta pas de dissimuler :

> *Une fois élu, au lieu de s'occuper de mon invention, Jeannot a préféré nettoyer le* Red Light *pour se faire du*

capital politique. Moi, je lui disais : Laisse-les donc tranquilles, ces petites filles-là, elles t'ont rien fait ! C'est pas deux, trois prostituées de plus qui vont changer de quoi à l'affaire ! S'il fallait arrêter tout le monde qui fait un métier de putain, faudrait enfermer l'Union des artistes au grand complet !

Elle fit de nouveau un geste de la main pour balayer ce triste moment d'un récent passé.

De toute façon, on n'a pas eu le temps de travailler sérieusement à mon projet : il s'est fait battre aux élections suivantes ! C'est Sarto Fournier qui a pris le pouvoir.

Elle prit un air rêveur et soupira. Voulait-elle me faire croire qu'elle avait raté une chance de briller comme mairesse de Montréal ? Elle retrouva rapidement sa verve de conteuse et décida de me tracer un portrait plus vrai que nature de ce maire qui, à sa manière bien à lui, avait tout fait pour faire connaître les Montréalais.

Sarto Fournier ! For heaven's sake *! Le pauvre homme ! L'avais-tu vu, vers la fin de son mandat, quand il avait reçu la reine d'Angleterre pour l'inauguration du* Saint Lawrence Seaway *? Le soir du grand bal au* Queen Elizabeth Hotel *?*

Elle fit une pause et baissa le ton pour m'annoncer, avec un sourire en coin :

J'accompagnais le jeune Pierre Elliott Trudeau.

Il suffisait de passer une heure en compagnie de Germaine pour apprendre de nouveaux potins sur une vie amoureuse qu'elle voulait mouvementée. Cette fois, je pensai qu'elle s'attaquait à un gros morceau en la personne du premier ministre du Canada. Celui-ci avait beau avoir une réputation de don juan, Germaine aurait fort à faire pour donner à son récit l'ombre d'une crédibilité. Avait-elle deviné que la côte serait ardue ? Elle revint sur le bon Sarto qui avait veillé aux destinées de Montréal de 1957 à 1960.

Ce soir-là, Sarto avait dompé la Reine, toute seule au beau milieu de la piste de danse, le temps d'aller donner un ordre à son chauffeur et de revenir la reprendre par la taille, comme si de rien n'était, pour continuer à la faire valser.

Tu comprends bien que je pouvais pas me fier à un homme qui connaissait rien aux règles de l'étiquette pour s'occuper de mon brevet. J'ai donc attendu quatre ans que Jeannot soit reporté au pouvoir. Je l'ai laissé tranquille, je l'ai pas achalé, je l'ai laissé s'amuser avec ses projets...

Elle rendit un léger soupir en s'asseyant sur le récamier et laissa tomber les derniers mots, comme si elle avait parlé d'une maîtresse rivale, pour un temps favorite :

L'Expo, ç'a bien été...

Puis, tapant des deux mains sur ses genoux, elle se releva et se plaça au centre de la pièce. Le repos avait été de courte durée.

Bon, bien là, on arrête de s'épancher sur mes histoires de cœur ! Le passé, c'est le passé ! Je mets officiellement un point final à mes espoirs de devenir First Lady *pour renouer avec mes rêves de* comeback.

Ce soir, mon cœur, tu es le témoin privilégié du couronnement d'une vie.

Avec ce que Jeannot m'a dit en coulisse ce soir, je suis prête à tous les combats.

Elle sembla tout de même avoir besoin d'une confirmation.

Tu l'as entendu ce qu'il m'a dit ?

Elle insista :

Tu l'as bien entendu ? Pour une fois on m'accusera pas d'inventer !

En entendant cette remarque, je compris qu'elle était consciente des bruits qui couraient à son sujet.

L'as-tu entendu, oui ou non ?

J'acquiesçai car je l'avais en effet entendu dire à Germaine alors qu'il venait de lui faire le baisemain : *Vous êtes faite pour Broadway et je ferai tout pour que vous vous y retrouviez un jour.*

J'avais trouvé la phrase bien tournée. De quoi faire espérer à Germaine le Broadway dont rêvait notre maire visionnaire.

Ce moment de réflexion fut de courte durée. J'avais hâte de voir de quelle façon elle avait interprété la promesse de notre bon maire.

J'ai compris à demi-mot qu'il ferait tout pour que je réalise mes rêves. Je le sais. Je le sens. La saga de « L'invention » est sur le point de trouver son dénouement. Faut que ça se règle.

Pas plus tard que mardi prochain, je l'appelle et lui fais signer des papiers. Ça traîne depuis 1936, cette histoire-là, faut que Monsieur prenne ses responsabilités. J'attends le feu vert pour mes parcomètres et surtout le chèque qui va avec depuis 1936.

Ai-je été assez patiente ?

Si seulement Camillien avait réagi dans le temps, aujourd'hui, Jeannot serait pas obligé de me payer rubis sur l'ongle pour ce que des générations de Montréalais auraient pu connaître grâce à moi, bien avant 1954.

J'admirai sa connaissance historique du parcomètre. Cependant j'eus des doutes. Y avait-il des éléments de vrais dans cette histoire ?

Quand Camillien Houde s'est fait enfermer à Petawawa, pendant ce temps-là, il s'est pas occupé de mon invention. Si au lieu de se battre contre la conscription, il s'était occupé de miser sur moi, le parcomètre serait une invention québécoise ! Je détenais les droits pour tout le Canada de Carl C. Magee, l'inventeur américain du parcomètre lui-même, qui était venu de Oklahoma City m'applaudir dans The Spider Woman, *lors de la représentation d'adieu que j'avais donnée en 1934.*

En guise de remerciement pour tout ce que je lui avais apporté comme dépaysement, il m'a cédé les droits de son invention pour tout le pays.

Si je dis toujours que c'est MON invention, c'est que j'y ai apporté quelques modifications pour l'adapter à notre climat nordique.

J'étais dépassé par tout ce que j'entendais ; c'est d'ailleurs ce que je devais ressentir tout au long de la nuit qui commençait.

> *Quand on pense ! Pauvre Camillien ! Se faire enfermer pour des idées politiques alors qu'on a tout en main pour faire prospérer l'économie d'un pays.*
>
> *Enfin ! Remercions quand même le ciel que tout se règle trente ans plus tard.*

Elle alla vers la fenêtre pour s'adresser à son ancienne conquête ; même l'orage attendu ne souligna pas ce moment presque pathétique.

> *Dear Carlo. Jamais je te serai assez reconnaissante ! My best regards to Oklahoma City, dear Mister Magee ! Dans six mois, Miss Germaine Giroux, du sixteen thirty-one, Selkirk dead-end, Beverly Hills, Pi Quiou, verra à nouveau son nom briller sur les affiches de Broadway. Wherever you may be, Carlo, you are invited to the great premiere.*

Elle s'approcha de moi, prit mes deux mains dans les siennes et me regarda droit dans les yeux :

> *Je vais être riche, mon cœur. Je vais enfin pouvoir monter mon spectacle à grand déploiement, dont je te parle depuis si longtemps !*

Je ne vis que le regard de quelqu'un qui jouait encore à des jeux d'enfants malgré son âge. Il m'était impossible de la contredire. J'allais être incapable d'essayer de la ramener à la raison ; je pris la décision de continuer à l'écouter, de rêver avec elle, de l'approuver.

Elle m'avait déjà entretenu de son rêve de descendre une dernière fois le « grand escalier ». Elle remit ça.

Quand je vais le redescendre ce sera pour rendre hommage à l'un des plus beaux fleurons du show-business canadien : MOI !

Elle planait, enfermée dans son monde, semblant oublier ma présence.

Elle revint sur terre pour en finir avec une autre rivale qui lui faisait encore de l'ombre, même si elle était morte depuis longtemps.

Y a pas juste Emma Albani qui a réussi aux États ! Et ceux qui me trouvent trop vieille pour descendre les quarante-quatre marches, tu leur répondras que Cécile Sorel avait cent deux ans quand elle les a descendues pour la première fois.

Tout était dit ; elle pouvait retourner à sa rêverie.

Oui, je vais y retourner, à Broadway ! Tu vas me faire une adaptation de Madame Sans-gêne *en comédie musicale. C'est pas parce que les producteurs m'ont jamais redonné de nouvelles et qu'il y a plus un chat sur la planète, à part toi et mes proches, qui sait que j'ai fait carrière là-bas, que je vais m'empêcher de rêver. Un following, je m'en rebâtirai un ! Pas plus tard que dans six mois, I'll give my best regards to Broadway, baby ! On emmène Barbeau avec nous autres, le Rideau Vert s'en passera !*

J'eus l'impression qu'elle recevait une décharge électrique tellement elle trépignait.

Pour une fois que je fais la piasse, les producteurs américains peuvent bien aller se faire voir : j'en ai plus besoin de leur argent ! Et Barbeau va enfin avoir les budgets nécessaires pour me couvrir de vrais Rhine stones *le soir du gala en l'honneur de mon plus célèbre commanditaire qui sera là avec ses douze douzaines de roses à l'entracte.*

Je l'avais déjà vue rêver, faire des projets d'avenir mais, ce soir-là, elle délirait complètement. Elle se transforma ensuite en femme d'affaires. Elle attrapa un crayon et un calepin sur le coin d'un petit bureau et me les lança sur les genoux.

Pour ton adaptation, je te le dis tout de suite, ça me dérange pas que ça se passe pendant la Révolution, mais note tout de suite pour Barbeau. C'est pas parce que le roi s'appelle Louis XVI qu'il faut s'empêcher de l'habiller en Louis XV. L'important c'est le look. Je déteste le style Louis XVI, c'est drabe. Je préfère le style Louis XV. L'avantage, c'est qu'en tournée, tu peux le remplacer par le Jewish Provincial. Ah oui, le titre ! Très important, le titre.

Elle écarta les bras pour me désigner la marquise de théâtre qu'elle voyait déjà :

« Sans-gêne : The Musical » With Germaine Giroux...

Elle se ravisa :

Germaine Giroux in « Sans-gêne : the Musical ».

Comme presque chaque fois qu'elle s'enflammait depuis le début de la soirée, les grondements sourds du tonnerre furent inopinément au rendez-vous. Maintenant, les coups se rapprochaient, en se répercutant sur les flancs du mont Royal. Germaine, qui semblait ignorer l'imminence de l'orage, murmura, comme pour elle-même :

Tu vois, ça c'est une chose dont je discuterai avec mon agent. Faudrait que je pense à m'en trouver un aux États. C'est un métier qui existe pas encore ici.

Elle murmura, comme elle le faisait très souvent quand elle y allait de ses prédictions les plus sombres qui souvent se réalisaient.

Les agents ! c'est une engeance qui va bien finir par nous tomber dessus.

Elle se mit à s'agiter comme si le temps pressait et que la première était annoncée. Elle faisait du surplace, se dirigeait vers le corridor, revenait s'asseoir pour se relever aussitôt.

D'abord, la distribution. Réglons surtout le plus important dans la distribution : la rangée de girls. Celles sans qui le show business s'éteindrait. Sans qui il y aurait jamais eu de Shirley Maclaine, Joan Crawford, Edwige Feuillère, Arletty, Colette, j'en passe et des plus grandes.

Elle avait rajeuni. En parlant de ces grandes stars, elle avait retrouvé l'allure de ses années de gloire.

La rangée de girls, ça va être le seul clin d'œil à la Révolution française. On va les habiller en petites paysannes glamour, et moi je vais descendre le grand escalier, habillée en Marie-Antoinette, pour me rendre à la guillotine.

Elle posa l'index sur sa lèvre supérieure et levant la tête, après avoir réfléchi, à peine trois secondes, décida :

Pense à écrire un rôle pour la Grand'Jaune. J'aimerais ça l'encourager. C'est la seule, ici, qui a autant de « oumph » *que moi. Elle pourrait faire un messager qui apporte le décret de Napoléon qui interdit au peuple de me décapiter. On lui écrira un air jazzé dans le style* torch song, *elle est bonne là-dedans. Et on ajoutera un numéro de claquettes. Ça va lui faire plaisir. Elle va aller se chercher un standing ovation avec ça. C'est pas parce que c'est moi la Star du show que je vais empêcher les plus jeunes de prendre leur place.*

Elle se ravisa tout à coup :

Denise, j'ai bien peur qu'elle soit trop occupée. Mais on va lui demander quand même, ça fait toujours plaisir à une actrice de se sentir désirée.

Elle réfléchit trois autres secondes.

Si elle peut pas, appelle Dodo. Elle est capable de faire la même chose et, en prime, elle a un caractère tellement plus agréable !

Elle était apparemment satisfaite de la tournure des événements :

Ouais ! Faire connaître des plus jeunes ! J'aimerais ça que ça devienne une de mes marques de commerce, là-bas. Regarde toi, si je t'avais pas encouragé dans le temps, tu serais pas en train de m'écrire une adaptation de Madame Sans-gêne *pour Broadway. Me remercie surtout pas, c'est intéressé de ma part.*

Je sentis un brin de panique dans sa voix.

Plus tard, quand tu auras réussi et que je serai dans un foyer de vieux, tu serais bien sans cœur de pas me trouver un petit rôle quelque part, non ?

La peur fut de courte durée.

Mais avant de nous attendrir sur notre sombre avenir, comme on dit, commençons par compléter la distribution.

Et la parenthèse fut refermée.

Pour Louis XVI, j'aimerais ça qu'on emmène notre beau Gérard Poirier, qu'on aime tant. Ça, c'est la classe faite homme. J'en vois pas d'autre. Si lui non plus est pas libre, on demandera à Peter O'Toole, et pour la tournée en France, on prendra Jean Marais. Il y en a pas un des trois qui ressemble à Louis XVI, qui était plus corpulent, mais les trois se ressemblent, ça va nous coûter moins cher de costumes.

Elle faisait preuve avant la lettre de remarquables dons de producteur.

Autre remarque très importante, toujours pour Barbeau. Pour toutes les chorus girls : corset obligatoire. Je te dis que les petites nouvelles qui vont venir passer les auditions sont mieux de se tenir le corps raide et les oreilles molles.

Cependant, cette pensée lui offrait un autre motif d'indignation qui risquait de l'éloigner de son sujet.

C'est rendu que les jeunes actrices qui sortent des écoles veulent plus porter de corsets !

Elle éleva la voix. On aurait pu croire, à la voir jeter des regards autour d'elle, que tout un lot de jeunes comédiennes nous avaient rejoints dans le salon-bibliothèque.

Elles préfèrent aller jouer en collant noir sur la rue Papineau !

S'adressant à quelque interlocuteur au fond de l'appartement, elle cria :

> *C'est pas parce que vous pesez juste cent livres que vous avez les chairs à la bonne place pour autant ! Vous êtes trop maigres ! Arrêtez de vous montrer en collant noir !*

Elle oublia vite les candidates imaginaires pour m'adresser quelques mises en garde.

> *Je te le dis tout de suite : celles qui vont être choisies ont intérêt à avoir de la classe. Tu les préviendras de s'arranger pour se mettre un petit pois entre les deux fesses quand elles vont être sur la scène avec moi. Ça va les aider à se tenir droites.*

Elle prit alors une décision qui se voulait purement professionnelle.

> *Plus j'y pense : on va prendre des Américaines. Y a rien qu'eux autres qui ont la formation nécessaire. Ici, tout ce qu'ils t'apprennent au Conservatoire, c'est l'expression corporelle !*

La façon dont elle prononçait le mot *Conservatoire* ne laissa planer aucun doute sur l'opinion qu'elle se faisait de l'illustre institution.

> *Quand ils sortent de là, ils savent comment faire l'arbre sur la place publique et dire qu'il est cinq heures du soir en écartant les orteils. Mais si tu leur demandes de faire de la claquette, ils sortent leurs cuillères. C'est utile dans une comédie musicale, ça !*

Elle s'approcha de la bibliothèque, à la recherche de ses lunettes en demi-lune, et se mit à consulter un grand cahier, une sorte de bottin d'acteurs contenant les photos de ses partenaires au Théâtre l'Arcade.

S'arrêtant sur une des pages jaunies, elle murmura :

Que c'est dommage que Jacques Auger soit si vieux !

Je m'abstins soigneusement de lui rappeler que M. Auger avait à peu près le même âge qu'elle.

Elle se ressaisit, chassant le brin de nostalgie qui avait coloré sa voix, et, retrouvant un port de tête de femme de théâtre, elle me lança le bottin ouvert sur une photo de Jacques Auger dans la pose du jeune premier qu'il avait été jadis.

> *J'y demanderais de reprendre le rôle de Napoléon Bonaparte. Il lui ressemblait tellement ! Ça serait tellement impressionnant de l'entendre chanter avec sa belle voix grave ! Les femmes s'évanouissaient dans la salle quand il parlait ! C'est pas pour rien qu'il a fait carrière à l'Odéon.*
>
> *Lui, c'était un homme sur une scène ! Et c'est Laurette Laroque qui avait eu droit à ça, ce beau mâle-là !*

Croyant qu'elle allait perdre mon intérêt si elle me mentionnait le nom d'une inconnue, elle s'excusa.

> *Laurette Larocque, tu la connais peut-être sous son nom de plume ? Jean Desprez, la femme de Jacques Auger. Pauvre Laurette, tout le monde a cru qu'elle était morte parce qu'elle s'était fait remonter le corps au grand complet. Eh bien moi, je suis en mesure de te confirmer qu'elle est morte par amour. Elle s'était fait remonter parce qu'elle espérait encore conquérir le cœur de Roger Garceau dont elle était éperdument amoureuse. Ça s'appelle pas mourir d'amour, ça ?*

Germaine prit un air étonné et me demanda :

Au fait, je sais pas pourquoi je pense à elle, mais comment ça se fait que t'as jamais pris des cours chez Sita Riddez, toi ?

Et sans attendre de réponse, elle ajouta :

Cette femme-là a passé sa vie à enseigner couchée sur son grand divan. La nuit, elle souffre d'insomnie, et durant le jour, quand ses élèves parlent faux, ça l'endort. Elle doit en dormir un coup !

Elle eut une autre bouffée de nostalgie.

Ça fait une mèche qu'on l'a pas vue au théâtre, la Sita ! Dans le temps, quand elle jouait Les Nuits *de Musset au His Majesty's avec François Rozet, elle avait de la classe ! Une vraie Lady ! Et humble, comme artiste. Rozet était à l'avant-scène, en plein éclairage. Il jouait le poète. Pauvre Sita, qui faisait la muse. Il l'avait saprée derrière un rideau de tulle, au fond de la scène. Dans le noir.*

Le « quart d'heure du souvenir » semblait venu. Chaque soirée passée en compagnie de Germaine avait son moment où nous réentendions les vieilles histoires de théâtre qu'elle avait elle-même revues et corrigées, souvent depuis quelques heures à peine.

À la question rituelle « Est-ce que je t'ai déjà raconté ? », il ne fallait surtout pas répondre oui, car ç'aurait été dommage de rater la nouvelle version qu'elle donnait de toute histoire, quelle qu'elle soit.

Est-ce que je t'ai déjà raconté ?

Cette fois-ci, sans attendre le non de rigueur, elle enchaîna :

> *À propos de Rozet justement. Il m'en a fait voir de toutes les couleurs à l'Arcade. J'ai même été obligée de clouer sa chaise au plancher pour l'empêcher de la tirer à l'avant-scène. Il avait tout simplement décidé de dire ses lignes à la salle plutôt qu'à moi.*

Ce soir-là, le « quart d'heure du souvenir » déboulonna quelques statues.

> *Parlons-en donc des fameux jeunes premiers que les femmes nous enviaient tant ! La plupart du temps, on leur voyait à peu près jamais le visage, trop occupés qu'ils étaient à jouer face au public. Ça, c'était quand ils sentaient pas le petit canard à la patte cassée ! Il y en a même un qui se curait les dents avec le bout de sa langue, entre deux répliques. Des fois, à la place d'un « je t'aime », tu pouvais entendre les bruits de succion de son tic répercutés jusque dans le fond de la salle.*
>
> *Il y en avait un autre, je me souviens même pas de son nom tellement sa carrière a été courte. Sa spécialité c'était le nettoyage des costumes. Son père possédait un* Dry Cleaner *au coin de Aylwin et Hochelaga. Si tu avais le malheur d'avoir la moindre petite poussière ou le moindre cheveu autour du décolleté, il t'enlevait tout ça du bout de ses longs doigts pendant qu'il te disait qu'il n'avait jamais aimé quelqu'un d'autre que toi. Un jour, pour le guérir de sa manie, je me suis mis un rouleau de fil entre les deux seins et j'en ai laissé dépasser un bout. J'aime autant te dire qu'il en a ramé un coup avant d'en voir*

la fin ! Ça a marché. Il est retourné travailler avec son père.

J'avais probablement jeté un regard à la bibliothèque ou eu une distraction quelconque, car elle me demanda :

Est-ce que tu les trouves plates, mes histoires ?

Sans attendre de réponse, comme elle le faisait si bien chaque fois qu'elle me posait une question, elle ajouta :

Si tu les trouves plates, prends ton mal en patience, parce que faut que tu apprennes qui est-ce qui a fait ce métier-là avant toi. Pour que tu gardes dans la tête, si tu réussis un jour, que c'est pas toi qui as tout inventé. Si tu es tanné de m'entendre, t'avais juste à lire Radiomonde *quand t'étais petit ! Je serais pas obligée de te raconter tout ça. De toute façon, t'as pas le choix. Il faut que je continue à te mettre au courant au sujet de tout ce monde-là, parce que si tu veux m'aider à faire ma distribution pour Broadway, faut que tu connaisses les acteurs comme le fond de ta poche. Un jour, si tu montes des pièces, et j'ai des petites nouvelles pour toi, tu vas en monter, je t'ai vu aller quand tu joues à l'assistant metteur en scène au théâtre...*

À l'époque où la mise en scène en était encore ici à ses premiers balbutiements, me faire dire une chose pareille par une femme qui semblait posséder un réel instinct théâtral me fit dresser l'oreille.

Ça fait que, comme tu vas avoir à faire des distributions un jour, premier conseil : si jamais t'as à choisir entre un mauvais acteur mais agréable à travailler et un grand acteur chiant, prends le premier. Des fois, tu passes des mois en coulisse avec lui. Par exemple, quand tu pars en tournée.

Je la sentis en proie à un doute.

Ce qui me fait penser qu'Auger... Je ferais mieux de penser à quelqu'un d'autre pour jouer Napoléon. Il est rendu mystique sur la fin de sa vie ! Tu l'as pas vu, toi, à la basilique Notre-Dame, caché en arrière de sa colonne, avec ses verres fumés, pendant la messe de quatre heures, le dimanche matin ? Moi j'étais allée là après une dernière. À la fin des années cinquante, c'était rendu la mode que d'aller à la messe à cette heure-là. On culpabilisait moins de pas se lever le dimanche matin.

Son discours avait soudain changé. Elle abordait des sujets dont elle ne m'avait jamais entretenu.

Toute la racaille de Montréal se retrouvait là : les pimps, *qui sortaient des clubs et qui pensaient que le fait d'aller à la messe ferait oublier ce qu'ils faisaient endurer aux filles. Les travestis, qui devaient prier pour que leur mère soit pardonnée de les avoir ratés.*

Et tous les robineux que ça arrangeait d'aller à la messe à cette heure-là, l'hiver, pour pouvoir aller se réchauffer le cul une heure ou deux à la santé du Père Éternel.

Le jour où j'y suis allée avec ma gang de théâtreux, quand Auger nous a aperçus, même si on avait fait semblant de pas le reconnaître, il s'est sauvé par la porte de côté.

Elle changea brusquement de veine.

Je vais t'entretenir d'Henri Norbert à la place ; il est plus haut en couleur. Quand Norbert est arrivé de Paris après la guerre, il y a des méchantes langues dans le milieu, parmi ceux qui sentaient la concurrence, qui l'ont accusé d'être homosexuel. Ben oui, toi. Pis ? Pauvre Nono ! Un homme charmant, baron en Lot-et-Garonne, qui sait jouer les classiques genre Tartuffe *comme pas un. Excellent là-dedans. Et Antoinette ! C'est pas parce que c'est ma sœur, mais elle était parfaite en Dorine.*

Son ton se modifia, elle plissa le front :

Comprends-tu ça, toi ? Avoir un château en Lot-et-Garonne et venir se geler les couilles ici !

Son discours suivait parfois une logique bien à lui.

Ça doit être pour ça qu'il y en a qui ont pensé que Nono avait collaboré : parce qu'il avait un château en Lot-et-Garonne. Ça lui faisait pas loin pour aller à Vichy faire du social *avec Pétain.*

Elle décrocha d'Henri Norbert pour donner son opinion sur un phénomène qui lui tenait particulièrement à cœur.

C'était à peine s'ils faisaient autre chose que de la tournée, ces Français-là, avant de venir s'installer ici ! On les recevait avec le tapis rouge sur la passerelle du bateau. On leur ouvrait nos portes toutes grandes et ils devenaient des vedettes du jour au lendemain.

Dès mes débuts dans la profession, j'avais senti une certaine grogne dans le milieu face à ce flot continuel de Français venus alimenter nos théâtres institutionnels. Le Théâtre du Rideau Vert remportait la palme à ce chapitre. J'avais même entendu madame Brind'Amour m'avouer après une audition où elle cherchait à compléter la distribution d'une pièce de la Québécoise Marie-Claire Blais : « Ce que ça nous prendrait présentement, c'est un bon débarquement de Français ! »

Dans ce temps-là, on était tellement colonisés que, dès qu'un Français mettait les pieds ici, il était considéré comme le Messie. Il avait droit à tous les plus grands rôles du répertoire. C'était ce qu'il y avait de plus normal, il avait l'accent pour les jouer, ces rôles-là. Beaucoup mieux que nous autres.

Elle avait parlé sur un ton ordinaire, sans agressivité, comme pour analyser la situation de façon clinique.

Au théâtre, tu penses bien que cet accent-là, ça t'en faisait bander une maudite gang. Ils débarquaient ici avec leur réputation de grands baiseurs. Ils avaient beau garder leurs bas pendant la chose, on était tellement tannées de la position du missionnaire que, lorsqu'il y en avait un qui nous faisait la cour, on se pâmait et pas rien qu'un peu.

Elle se dirigea vers moi...

Bien des ménages et des carrières ont pris une débarque.

...reprit le carnet et le répertoire photo qu'elle avait lancés sur mes genoux, enleva ses lunettes et alla ranger le tout dans la bibliothèque.

La mode était aux jeunes premiers qui avaient fait des vues animées. Norbert débarquait ici armé de ce préalable. Mais, à la fin de la guerre, il commençait à avoir le jeune premier un peu défraîchi.

Il trouvait le moyen de faire encore un peu illusion avec ses cheveux gominés, peignés par en arrière, mais il avait plus un poil sur la tête. Il était obligé de se mettre du crayon noir. En France ça avait pas trop marché son affaire, il ressemblait trop à Pierre Renoir. Mais ici, ressembler à quelqu'un, surtout quand la télévision est arrivée, c'était un plus. La carrière était assurée. Les comédiens dans le genre de Jean-Paul Kingsley, qui faisait surtout du mélo, ont pas travaillé souvent à la télé. Je veux bien croire que c'était pas des Laurence Olivier, mais ils avaient eu le courage d'être les premiers à faire du théâtre, alors que ça payait pas une maudite cenne. On aurait pu leur laisser autre chose que de la figuration. Il avait déjà été drôle, Kingsley, même si c'était pas toujours dans le bon sens. La preuve...

J'adorais plus que tout ces moments privilégiés, alors qu'elle me racontait les belles années du théâtre que j'aurais tellement voulu connaître. Elle le savait et trouvait toujours le moment propice pour me raconter une histoire de coulisses mille fois rabâchée dans le milieu. La seule perspective de l'entendre raconter par Germaine me réjouissait. Rien qu'imaginer les détails qu'elle ajouterait pour rendre l'anecdote plus savoureuse me mettait l'eau à la bouche.

Pendant le carême, la troupe de Jean Grimaldi partait toujours en tournée avec la Passion du Christ ! Jean-Paul jouait le rôle de Jésus, Lucie Mitchell délaissait momentanément son rôle de marâtre dans Aurore l'enfant martyre, *pour celui de Marie ; Paul Thériault et Léo Rivest, leur numéro de claquettes habituel, pour se transformer en centurions... Ah oui, des fois la Poune jouait une sainte femme.*

Elle réfléchit une seconde :

Tout un rôle de composition !

Elle se dirigea vers la bibliothèque pour sortir d'entre les livres une carafe qui semblait contenir du porto et la déposa sur un plateau d'argent où il y avait déjà deux verres en cristal du plus bel effet.

Je vais maintenant te raconter le soir de gloire de Jean-Paul Kingsley.

Elle se versa une goutte de porto, s'aperçut qu'elle avait oublié de me servir, s'excusa et répara son oubli avant de repartir de plus belle dans le récit des aventures drolatiques de l'ineffable Jean-Paul Kingsley.

Jean-Paul Kingsley, ce soir-là, à l'intermission, juste avant le troisième acte, celui de la crucifixion, accepte d'aller boire une bière à la taverne avec Paul Thériault et Léo Rivest. Au bout d'une demi-heure, Rivest réalise que le troisième acte doit avoir commencé sans eux. Heureusement l'acte débute par la scène de Judas qui trahit Jésus au Jardin de Gethsémani. Les trois décident de retourner à la salle paroissiale le plus vite possible. Nos trois lurons arrivent enfin, tout le monde est énervé, tout le monde veut aider à déshabiller Jean-Paul. C'est donc dans la confusion la plus totale que, finalement, il est amené sur scène et hissé en haut de sa croix, en même temps que le rideau s'ouvre et que la salle part d'un grand éclat de rire.

La raison de ce succès comique imprévu, veux-tu la savoir ? Jean-Paul est tout nu, attaché sur la croix, avec sa guenille en rase trou, mais Rivest et Thériault ont oublié de lui enlever ses bottines et ses claques !

Elle parut attendrie.

La Passion du Christ, pour Lucie Mitchell, c'était des vacances. Pour une fois qu'elle se faisait pas crier des noms par le public ! Je sais pas comment elle a fait pour passer à travers ça. Le public détestait tellement la belle-mère dans Aurore l'enfant-martyre *que la plupart du temps on savait plus à qui il criait des noms. Pauvre Lucie, j'étais dans la salle le soir de sa cinq centième représentation, je pense bien que c'était la cinq centième, oui.*

Germaine se mit à jouer le rôle du public populaire qui, jusqu'au milieu des années cinquante, réagissait au théâtre comme des enfants au cirque. C'est qu'alors, on ne mettait pas de gants blancs avec les méchants !

« Maudite vache ! vieille charogne ! »

Reprenant son rôle de narratrice, Germaine enchaîna :

Lucie faisait semblant de rien entendre quand elle plaquait, en criant, les deux mains de la petite Aurore sur les ronds du poêle.

Son imitation de Lucie Mitchell était surprenante de vérité.

« Tiens, ma petite maudite ! tu vas payer pour tout le mal que tu me fais endurer ! »

Et le public répliquait, toujours à travers la bouche de Germaine :

« Grosse chienne, tu vas avoir affaire à moi quand tu vas sortir après le théâtre ! »

Elle reprit :

> *Des fois, il fallait même demander la protection de la police pour que Lucie puisse retourner chez elle.*

Elle devint sérieuse au moment d'expliquer pourquoi la carrière de Lucie Mitchell n'avait jamais vraiment décollé.

> *Des psychologues ont dit que c'est ce rôle-là qui avait brisé sa carrière. Sur le plan psychologique, en effet, ça devait être assez pénible à supporter. Mais des femmes méchantes, j'en ai joué moi aussi : j'ai interprété la maîtresse de Raspoutine et ça a pas brisé ma carrière pour autant ! Et Dieu m'est témoin que j'étais méchante tout le tour !*

Brusquement, son attention se reporta de nouveau sur les acteurs français venus faire du théâtre chez leurs cousins d'Amérique. Cette fois, elle parla surtout de leur célèbre accent.

> *Antoinette et moi, on les aurait bien fait engager à l'Arcade, les acteurs d'ici... Mais dans le temps, c'est les Français qui attiraient ou ceux qui les imitaient. C'est pour ça que Roger Garceau a eu du succès. Il était plus français que les Français ! Moi, j'ai jamais été capable de me mettre la gueule en cul de poule.*
>
> *Ce qui fait que je leur ai toujours servi un cocktail de tout ce que j'avais comme accents. Ça passait. Ça passe encore, d'ailleurs. Mais j'aime autant te dire que j'articule, par exemple ! Qu'est-ce que tu veux, une femme qui a mené la vie que j'ai menée finit par avoir la mâchoire développée...*

Je m'étais mis à rire comme elle s'y attendait, et elle en remit :

J'ai jamais compris ça, moi, un accent qui faisait bander autant !

Elle se servit un deuxième verre de porto, sans offrir de renouveler le mien.

J'étais certainement toute seule à détester cet accent-là, à en juger par la réaction des femmes dans la salle quand un de ces jeunes premiers se mettait à « perler » comme dans les films et à se dandiner, maquillé comme une courtisane en chaleur. J'ai jamais compris ce qui les énervait tant !

La véritable raison de l'attrait du public d'alors pour le jeune premier d'outre-Atlantique l'intriguait au plus haut point.

Il fallait voir ça, quand ils avaient eu le malheur de dire trois phrases, dans une vue de France Film qui passait au Saint-Denis, après les actualités françaises. La bonne femme dans la salle, ça lui faisait pas un pli de s'être payé un ticket, des fois trois fois dans la semaine, pour voir, en chair et en os, le jeune premier qui allait lui permettre de rêver toute seule chez elle, après le spectacle, pendant que le bonhomme ronflerait et sentirait la tonne.

Elle avait accompagné le mot « rêver » d'un geste allusif : l'index pointé vers quelque septième ciel.

Après quoi, elle reprit une attitude plus sérieuse.

Mais faut pas non plus que je te donne l'impression que ces femmes-là venaient au théâtre juste pour eux autres.

Non, le rêve, Antoinette et moi on leur en vendait aussi. Il y avait pas une pièce où on avait pas nos trois toilettes réglementaires avec les bijoux assortis. Au premier acte, on portait un tailleur, au deuxième, une robe du soir et au troisième, un déshabillé vaporeux.

Ces mots me confirmaient la première chose que j'avais entendue à leur sujet. Germaine s'arrêta et ajouta, grave :

Ça, mon cœur, c'est la légende. T'as dû en entendre parler. Comme t'as dû entendre plein d'autres choses à mon sujet. J'espère qu'on a pris la peine de t'avertir que dans tout ce que je raconte, il y a parfois de grosses menteries !

Elle avala une gorgée de porto et se servit un autre verre. Me tournant le dos, elle émit un gloussement que je reçus comme une sorte de rire refoulé. Elle se retourna, son verre d'alcool à la main, porta un toast et reprit son discours comme si rien n'avait été dit.

Des fois, ce qui est déprimant, c'est qu'on dirait que c'est tout ce que les gens ont retenu de l'Arcade. On montait des bonnes pièces. On savait pas toujours nos textes mais on faisait du bon travail quand même. On jouait une pièce par semaine, deux fois par jour, et on répétait la nuit. Quand est-ce que tu voulais qu'on les apprenne, les textes ! Est-ce qu'on pouvait avoir le droit de dormir un peu le matin ? Et de se faire souffler une réplique ou deux, de temps en temps ? Penses-tu que le public aurait continué à venir nous applaudir pendant autant d'années, après-midi et soir, sept jours par semaine, si on l'avait pas ému un peu ? Dans ce temps-là, le public avait pas besoin de décor à cinquante mille piastres pour croire à nos histoires d'amour et brailler comme des madeleines !

Comme si elle voulait se défendre de certains reproches, elle s'empressa d'ajouter :

Des créations, on en a fait. La Louve *d'Ernest Pallascio-Morin, ça valait ben des mélos français qui venaient des fois en tournée.*

Elle était incapable de s'apitoyer très longtemps sans retrouver son œil coquin de conteuse. Elle retombait alors sur ses pattes d'*entertainer*, autre titre qu'elle revendiquait.

En ce soir de grandes révélations, elle décida de terminer l'historique de l'Arcade par une anecdote désopilante suivie d'un cours d'art dramatique improvisé.

Tu sais qu'il y a eu des carrières mémorables de souffleuse. Nana de Varenne était souffleuse chez nous. On avait monté Poil de carotte *de Jules Renard. C'est Robert Gadouas qui tenait le rôle-titre. Un soir, monsieur décide de changer la mise en scène et d'aller s'asseoir sur la boîte du souffleur, à l'avant-scène. Qu'est-ce que tu penses qu'il est arrivé ? Les panneaux de la boîte ont cédé et c'est la petite Nana qui les a reçus sur la tête.*

Alors tous les spectateurs jusqu'au fond du balcon ont entendu Ayoye, verrat !, *crié avec toute la délicatesse dont Nana était capable. Ça aurait été bien difficile de faire croire que c'était Jules Renard qui avait écrit ça !*

Ces propos furent suivis par quelques considérations sur la mise en scène.

Et quand je te parle de Gadouas qui avait changé la mise en scène... J'aime autant te dire que le respect du metteur en scène, ça existait pas encore. Le métier lui-même existait pas. T'avais l'auteur qui venait des fois faire son tour pour nous expliquer le personnage. Encore là, la plupart du temps, il se fiait à nous pour décider. On le connaissait mieux que lui, son personnage : on l'avait joué à la radio ! Même que des fois, c'est la secrétaire qui avait écrit ces épisodes-là.

C'était là une pratique courante à l'époque. Au point que des secrétaires auraient pu recevoir le titre de collaboratrices. Ç'aurait été un geste pour le moins élégant de la part de certains scripteurs radiophoniques.

Elle enchaîna sur une catégorie d'acteurs aujourd'hui disparue :

Chaque semaine, la plaie : la vedette invitée ! Fallait la laisser décider par où elle ferait son entrée en scène. Le premier choix évidemment, c'était toujours la porte du centre. Quand c'était impossible parce qu'il y en avait pas de porte, au centre, c'était la porte de gauche pour le public, côté jardin, qui avait la faveur. Cette porte-là avait beau représenter le garde-robe, la vedette invitée décidait toujours de rentrer par là. Moi aussi, quand j'avais la chance, c'est officiel que je rentrais par là.

Elle y alla de quelques recommandations de pro sur l'art de faire son entrée en scène :

La première chose que le spectateur remarque, c'est l'acteur qui entre à jardin. Ça fait toujours une plus belle entrée, de jardin à cour. C'est simple à comprendre. On est pas des Arabes ! L'œil voyage de gauche à droite.

Si jamais t'arrives pas à faire ton entrée côté jardin, parce que ça prend une bonne quinzaine d'années avant d'accéder à ce privilège-là, porte du rouge ! On voit rien que ça, sur une scène, le monde qui porte du rouge.

Le cours fut aussi assaisonné de toutes les explications nécessaires pour bien connaître le mécanisme qui permet d'obtenir ce que le comédien chérit le plus : les applaudissements.

Si tu veux avoir une claque, oublie pas qu'en entrant sur le côté, c'est un des inconvénients de la chose, tu te trouves à être de profil. C'est alors que tu freines ton élan et que tu te tournes légèrement vers le public. Tu penches un peu la tête vers le plancher, comme si tu réfléchissais. Attention ! Faut pas que t'aies l'air de quémander. Là, tu relèves la tête, en prenant une grande respiration. Si t'as pas une claque en faisant ça, va vendre des robes pour les Juifs sur la rue Saint-Laurent !

Les doutes que j'entretenais sur ses origines venaient d'être dissipés. Elle n'aurait pas pu parler de ses coreligionnaires aussi crûment.

J'eus droit, en prime, à la panoplie complète pour soulever l'enthousiasme du public :

Pour une ovation debout, le premier qui se lève ou qui crie bravo, dans la salle, tu te tournes un peu vers lui et tu lui souris, les autres spectateurs jaloux vont se lever ou crier tout de suite, inquiète-toi pas, mon cœur !

Elle choisit de terminer le cours improvisé en me traçant un portrait d'une lucidité étonnante de ce que devait faire une jeune première sans grand talent qui voulait réussir dans les années quarante.

*Quand une belle fille avait pris des cours de diction au conservatoire Lassalle, six mois de cours d'*acting *chez Jeanne Maubourg et qu'elle savait faire une entrée en scène, elle était armée pour faire une carrière. En plus, si elle se trouvait un admirateur qui possédait un grand magasin à rayons ou une chaîne d'épicerie, elle était sûre de veiller tard.*

Moi, par contre, j'ai toujours visé plus haut et préféré les hommes d'État. Quand t'as une grande sœur qui est la meilleure tragédienne de son époque, il faut que tu penses à soigner ton standing.

D'un coup, elle perdit toute sa superbe et se dirigea vers la desserte pour se servir un *refill.*

Pour la première fois de la soirée, je la vis chancelante sur ses cothurnes. Sa diction était un peu moins claire.

Elle avala rapidement une lampée de porto, gémit presque.

Qui est-ce qu'on va prendre pour jouer avec moi, à Broadway ?

Cette dernière remarque me fit souvenir que le but de notre rencontre était de planifier son retour à Broadway. Nous nous étions passablement éloignés du sujet.

Elle voulut y revenir sans plus attendre. Elle se mit à arpenter le salon devant la bibliothèque.

Ça nous prend un nom !

Elle réfléchit trois ou quatre secondes.

Je l'ai ! On va demander à Émile Genest ! Il commence à être connu là-bas. Il vient de faire un film de chien avec Walt Disney et Janette Bertrand. Et s'il est pas capable de jouer Napoléon Bonaparte après avoir joué Napoléon Plouffe, il se présentera comme attaché culturel, quelque part aux États-Unis, et il arrêtera de nous faire suer ! Pour la rentrée à Paris, on va prendre Pierre Brasseur. Il est chiant comme c'est pas permis, mais il attire encore un certain public.

Elle prit un air hagard. Elle ressemblait à Bette Davis dans *What Ever Happened to Baby Jane ?* Le timbre de sa voix monta de quelques décibels et je suis certain qu'à ce moment précis elle avait retrouvé sa voix d'antan.

J'avais un méchant following, *moi, là-bas, à New York ! Broadway ! J'ai quand même joué là-bas pendant huit ans, et pas n'importe quoi. Des leading ladies, pas des marcheuses de ring side ! Des descendeuses de grands escaliers. Dans* The Spider Woman, *j'étais à moitié nue. J'ai toujours été grassette, mais j'avais les fesses accrochées au milieu du dos et ça se tenait. Quand j'descendais le grand escalier, ça bougeait même pas !*

Elle sortit de sa rêverie pour me dire :

J'veux qu'on le refasse, ce numéro-là !

Et comme si j'avais émis un doute, elle ajouta :

On prendra une doublure !

Mais alors c'est elle-même qui fut prise d'un doute.

Le following, est-ce que je l'ai encore ? Je les ai peut-être choqués quand j'ai été obligée de partir de New York, en 34.

Je ne semblais plus faire partie de son univers. Elle s'assit au centre du récamier, le petit verre de cristal vidé de son contenu et pendant au bout de la main droite. Elle avait serré les genoux et les souliers chaussaient à moitié ses pieds qui commençaient à enfler.

Je compris qu'elle n'avait pas besoin d'une grande quantité d'alcool pour que l'ivresse progresse rapidement quand, de sa bouche pâteuse, sortit une sorte de soupir.

Ç'a pas toujours été rose, cette vie-là !

Elle se mit à parler tout bas, presque pour elle-même. Au point que je me sentais indiscret d'être là.

J'avais même pas vingt ans et j'arrêtais pas de courir d'un cours de danse à un cours de chant, et fallait les payer ces cours-là. On faisait des bons salaires, mais le coût de la vie était cher. Si tu voulais porter un toast de temps en temps, à l'époque de la prohibition, fallait que t'embarques dans la gimmick. *Tu te trouvais un chum riche ou t'allais chanter dans des bars clandestins. Ce que j'ai fait au détriment de ma santé.*

Elle leva la tête vers le plafond, tenta de porter un toast et laissa retomber sa main à deux pas du sol. Le verre roula sous le récamier.

J'ai été forcée d'arrêter de jouer à Broadway pendant six mois.

J'ai essayé d'y retourner, mais je m'étais absentée trop longtemps. J'ai été approchée pour jouer dans une adaptation cinématographique de The Spider Woman. *J'allais enfin faire une carrière internationale, que je me disais, j'allais enfin remplir le vide laissé par Teda Bara.*

Elle laissa retomber la tête et se mit à faire des huit avec son verre récupéré sur le plancher en chêne. Sans élever la voix, elle poursuivit sa confession.

Le maudit film s'est jamais fait et la carrière internationale, je l'ai eue dans le cul, dans tous les sens du terme.

Une longue pause suivit. Je respectai son silence.

Mais, le bon Dieu est bon comme on dit. Claude Rains a été mis sur mon passage. Claude Rains, l'Homme invisible. La star, le séducteur, mais surtout l'Homme invisible. Imagine le fantasme, toi ! Mais t'es trop jeune pour l'avoir connu.

J'étais étonné de connaître aussi bien Claude Rains. Il était la première vedette à m'avoir véritablement impressionné au cinéma. C'était une dizaine d'années après la sortie du film. Je n'avais pas encore quatre ans, et mes parents m'avaient emmené au cinéma en plein air voir *L'Homme invisible,* qui faisait courir les foules dans les années trente. Au beau milieu du film, Claude Rains avait braqué un revolver sur la salle, et je m'étais mis à hurler, terrorisé.

Chaque fois que je voyais Germaine, je pensais à cet épisode de mon enfance, mais je n'avais jamais osé lui en parler, de peur d'éveiller ses soupçons. Elle aurait su que j'étais au courant des ragots que l'on colportait sur son compte, ragots dont personne n'avait jamais pu vérifier l'authenticité, les journaux artistiques new-yorkais ou la presse à scandales de l'époque ne relatant aucun événement susceptible de confirmer certains dires selon lesquels un drame personnel l'avait forcée à revenir au Québec au début de 1934.

Germaine releva la tête.

> *Là, moi, je suis encore très jeune. Je veux devenir une grande actrice pour prouver à papa que je suis pas juste belle, et je rencontre Claude Rains. Trente-cinq ans, de la classe comme y commençait à plus s'en faire. Internationalement connu. Anglais jusqu'au bout des ongles, grand professeur d'art dramatique. C'est lui qui a enseigné à Sir John Gielgud. C'est pas rien !*

Le fait de prononcer le nom de Sir John Gielguld l'avait fait renaître tout à fait.

> *Là, je tombe amoureuse, mon cœur, comme c'est pas permis de tomber amoureuse. Dans ma tête, je déménage. J'ai la ferme certitude que dans l'année qui suit, je vais être nominée aux Oscars et que c'est Claude Rains qui va m'accompagner pour aller chercher mon trophée. Je deviens la première Canadienne à faire une carrière internationale. En vingt-quatre heures à peine, mon destin vient de changer. J'allais détrôner Claudette Colbert. C'est moi, à l'avenir, qui allais jouer Cléopâtre et prendre des bains de lait !*

Son sens de la comédie et, surtout, de l'autodérision firent qu'elle ne put s'empêcher de me tirer un sourire.

> *C'est vrai que, dans le temps, j'étais déjà un peu boulotte et que j'aurais fait une Cléopâtre un peu trop en santé, mais pour une fois qu'on aurait parlé d'autre chose que de son maudit nez !*

Plus rien n'était à craindre. Lorsqu'elle recommençait à vérifier si son humour faisait de l'effet, tout allait pour le mieux. Je la rassurai d'un large sourire et elle reprit son récit sur un ton enjoué.

> *Toujours est-il que je filais le parfait bonheur avec la vedette masculine de l'heure et que ça faisait six mois que ça durait, quand Antoinette débarque à New York avec la Comédie-Française et rencontre Claude Rains en coulisse pour la première fois, alors que je l'accompagnais à la représentation du* Misanthrope *de Jean-Baptiste Poquelin.*

Elle était debout, se servait un autre verre de porto. Elle était en pleine possession de ses moyens.

> *Est-ce que tu peux essayer de t'imaginer à quel point ma grande sœur Antoinette était belle, déguisée en Célimène ?*

Je n'avais pas besoin d'imaginer, j'avais vu la photo dans le corridor et j'étais en mesure de comprendre, moi aussi, le choc qu'avait dû avoir le grand acteur. Un long silence suivit la question de Germaine. Les révélations qui suivirent furent dites sur un ton détaché. Sans émotion. Tout simplement pour me mettre au courant de la suite des événements.

> *Monsieur Claude Rains a eu le coup de foudre et a décidé de me sacrer là pour partir avec une plus vieille, ma propre sœur. C'était une star internationale, elle aussi, et elle avait le privilège de jouer, la plupart du temps à Paris, juste à côté de l'Angleterre natale de l'ancien professeur d'art dramatique de mes deux fesses. Il lui a raconté les mêmes histoires qu'à moi, lui a fait les mêmes promesses mais, heureusement, on a toutes les deux fini par accepter l'idée que Claude Rains était un parfait trou*

de cul, comme la plupart de ses congénères. Ce qu'on ressentait l'une pour l'autre, Antoinette et moi, était trop fort pour avoir été détruit par un homme de passage, fût-il la coqueluche de son époque. Tout est rentré dans l'ordre, mais j'avais eu le temps de faire une dépression nerveuse, d'essayer de m'ouvrir les veines deux fois et de revenir à Montréal continuer ma petite carrière locale étant donné qu'il y avait plus personne qui voulait de moi aux États.

Un lourd silence suivit. Je m'attendais à ce qu'elle m'invite à partir, mais elle me regarda droit dans les yeux et me demanda brusquement d'une voix que je ne lui connaissais pas :

Est-ce que ce que je viens de te raconter confirme tous les gossips *que t'as entendus au sujet des sœurs Giroux ?*

Elle se précipita vers moi et me tendit ses poignets.

Tiens, vérifie ! Est-ce que tu vois des cicatrices ? Quant aux rumeurs de dépression, si brailler comme une madeleine jour et nuit pendant trois mois c'est une dépression nerveuse, mets mon nom dans le livre des records.

Est-ce que c'est ça qu'elles t'ont raconté, les tapettes frustrées qui ont inventé à peu près tout ce que tu sais sur mon compte ? Est-ce que ma version des faits est conforme à ce que les starlettes en mal de publicité qui refusent de baiser pour faire une carrière internationale ont pu te mémérer ? Tu leur diras qu'elles sont juste bonnes à faire des branlettes dans le fond des loges, les soirs de première, et que ça prend plus que ça pour réussir à Broadway !

Je vois pas pourquoi je perds mon temps avec elles ! Elles vont finir leur carrière dans les sous-sols d'église où elles ont débuté, pendant que les sœurs Giroux vont passer à l'Histoire.

Elle était devenu féroce et, si j'avais été l'objet de ses récriminations, j'aurais quitté la pièce sur-le-champ.

Qu'Antoinette et moi, on ait été amoureuses du même gars, ne regarde que nous.

Tel un automate, elle s'immobilisa. Apercevant mon verre vide, elle se précipita pour me l'ôter des mains et le remplir. Elle s'en versa un autre et me tourna le dos, tout en faisant face au récamier, de manière à me laisser voir son profil gauche, son meilleur, comme elle me l'avait déjà dit. Les éclairages qu'elle avait mis au point avant mon entrée dans la pièce lui convenaient maintenant tout à fait.

Les livres de son père, faiblement éclairés par deux lampes tournées vers les étagères les plus hautes, servaient de toile de fond.

Elle-même recevait la lumière d'une lampe posée sur la desserte qui jouxtait le récamier. Le reflet de cette lampe, munie d'une ampoule rosée, adoucissait la couleur orangée de son teint.

Elle portait encore son maquillage de scène, mais sur le côté gauche, les chairs commençaient à pendre sérieusement, malgré les « joies de vivre ». Elle en semblait inconsciente, car elle gardait la pose.

Elle décida de s'allonger un peu sur le récamier avant de tremper les lèvres dans le porto. Elle posa d'abord sa fesse droite sur le bord du divan et, tout en la repoussant vers le fond, elle entreprit de lever les pieds pour les allonger. Elle avait entamé cette gymnastique tout en décidant de goûter à l'alcool. Qu'elle ne soit pas tombée par terre tient du miracle. Elle s'étrangla avec le liquide, se releva et cria :

C'est bien mauvais ça, bâtard ! C'est vinaigré ! J'avais dit à Billie de jeter ça, cette cochonnerie-là. Mais non, mademoiselle trouve que c'est décoratif ! Que la couleur va bien avec le tapis ! C'est pas une raison pour pas en acheter une bouteille neuve !

Elle courut vers le fond du couloir pour déverser ses jérémiades sur une Billie pourtant absente, elle semblait l'avoir oublié.

On est quand même capable de se payer une bouteille de porto neuf ! Je veux bien croire qu'Antoinette et moi on gagne plus ce qu'on gagnait, mais c'est pas une raison pour assoiffer nos invités !

Elle vint me débarrasser de mon verre :

Bois pas ça, tu vas être malade !

Elle retourna vers le fond du corridor :

Arrête de m'embêter avec ça, Billie. J'en parlerai si je veux ! Il va le savoir ! Je vais lui dire le fond de ma pensée !

À quel drame allais-je être mêlé ? Même si je continuais à être le centre de ses préoccupations, elle poursuivit sa conversation avec sa sœur aînée.

Il le répétera, c'est tout ! Ça fait longtemps que je veux faire ma crise. Eh bien, c'est ce soir que je vais la faire. Il a beau être réputé pour avoir une grand langue, il faut que ça sorte.

Elle me fit face et me lança sans aucun ménagement :

Ah, au fait ! Savais-tu que dans le milieu, on t'appelle l'estafette du Rideau Vert ?

Le temps que j'encaisse le coup, elle avait repris la conversation imaginaire :

Eh bien, il la fera aller, sa grande gueule !

Elle prêta l'oreille à un dernier argument de Billie, mais ne s'avoua pas vaincue pour autant. Elle riposta :

Je le sais que c'est une tapette, mais qu'est-ce que tu veux que je te dise, je veux qu'Yvette le sache !

Elle fonça vers les portes-fenêtres grandes ouvertes, écarta les rideaux, se pencha au-dessus du balcon français et s'apprêta à lancer un cri du cœur vers les tourelles du vieux séminaire de Montréal, situé à deux pas de chez elle.

Juste à ce moment, le ciel se déchira et des trombes d'eau se mirent à tomber sur la métropole. Essayant de couvrir l'orage de sa voix, elle cria :

J'en ai plein le cul de jouer au Rideau Vert !

Provenant de presque aussi loin que le séminaire lui-même, j'entendis, se mêlant aux coups de tonnerre, au crépitement des éclairs et au bruit des chutes d'eau, un retentissant : *Ta gueule, la star !*

Elle était trempée. Elle referma la fenêtre et expliqua tout bonnement :

C'en est un qui m'a déjà vue toute nue dans l'appartement et qui l'a pas pris que je ferme le store.

Après s'être sommairement séchée à l'aide de quelques papiers-mouchoirs, elle vint s'asseoir près de moi, sur la causeuse, sans un regard pour sa djellaba qui dégoulinait sur le plancher. Elle évoqua les raisons de son profond ras-le-bol.

> *Sais-tu combien je gagne par soir, au Rideau Vert ? On est en 1967 et j'ai exactement le même salaire qu'à Broadway en 1933. Et ça fait pas longtemps que je paye plus pour mes costumes. Quand on me mettait des guenilles sur le dos, parce que le budget permettait pas de m'habiller, je partais dans les magasins pour aller acheter ce qui manquait. Fallait pas que je déçoive mon public.*

Elle se releva, fit les cent pas et retourna s'asseoir devant moi, sur le récamier. Elle posa ses mains de chaque côté d'elle sur le rebord du meuble, avança le buste et me dit, en serrant les dents :

> *Je suis assez tannée des Français qui débarquent ici à pleines portes ! Est-ce que tu te souviens du jeune acteur qui avait joué dans les* Jeux interdits *avec la petite pâlotte ? Comment elle s'appelle, elle aussi, déjà... Mais elle, on s'en sapre, c'est lui qui nous intéresse.*

De nouveau sur pied, elle faisait les cent pas, me donnait des précisions.

> *Il jouait dans* Belphégor *avec... heu... la chanteuse française... La reine de Saint-Germain des Prés... ah oui ! Je le sais, Juliette Gréco !*

Germaine était un véritable bottin mondain. Elle savait tout des couples célèbres du cinéma. Elle décida de me mettre au parfum en ce qui concernait la muse de

Saint-Germain des Prés et l'un des grands producteurs américains :

> *Sais-tu que Juliette Gréco, finalement, a marié Darryl Zanuck ? Ça s'appelle savoir se placer les pieds ! Avoir autant de pif pour sa carrière, ça m'étonne d'une Française.*

Après cette « pause *Paris-Match* », elle revint à l'illustre inconnu, qui avait été le partenaire de la petite pâlotte dans *Jeux interdits.*

> *Il a tout simplement envoyé une lettre à Yvette Brind'Amour pour lui demander du travail au Rideau Vert. Yvette, qui l'a jamais vu jouer au théâtre, lui a envoyé un contrat pour le rôle du baronet dans* Le Cheval évanoui *de Françoise Sagan. Il a jamais répondu. Et comme il a jamais répondu...*

Elle se leva pour me donner une chaleureuse accolade :

> *Le rôle du baronet, c'est toi qui vas l'avoir ! Je l'ai appris hier. Je suis contente pour toi. C'est un rôle plate, mais tu vas prendre du métier. Quand on pense que si Georges Poujouly...*

Elle jubila

> *Je l'ai retrouvé !*
>
> *Eh bien, si Georges Poujouly avait eu le malheur de répondre, le rôle te serait passé sous le nez, et c'est encore un Français qui l'aurait volé à un jeune Québécois qui a beaucoup de talent et...*

Je ne l'écoutais plus et m'étonnais qu'elle pût encore, à quelque trois heures du matin et après avoir vécu toutes les formes possibles d'émotions, trouver l'énergie nécessaire pour simplement poursuivre son récit.

Lorsque je revins à elle, elle était assise sur le récamier et était redevenue pensive.

> *Ouais, je gagne pas plus qu'en 1934. Juliette Béliveau, qui a été l'actrice la mieux payée au Canada dans son jeune temps, Juliette Béliveau qui a déclamé Louis Fréchette, Juliette Béliveau gagne exactement le même cachet que moi.*
>
> *Est-ce que c'est moi qui suis folle de penser que Juliette Béliveau et moi nous ne sommes pas les dernières des nobody, for heaven's sake !*

L'histoire veut que Juliette Béliveau, enfant, ait été présentée à Sarah Bernhardt, alors en visite à Montréal. Cette dernière l'avait fait asseoir sur ses genoux. Germaine s'empara du détail.

> *Juliette a passé son enfance assise sur les genoux de la grande Sarah et moi je débutais à l'âge de trois ans dans* Madame Butterfly *au His Majesty's, alors qu'Antoinette, elle, ne débuterait qu'à huit ans. J'étais déjà sexy dans mon petit kimono japonais. Il me semble que ça se paye, ça !*

Les effets de l'alcool se firent sentir à nouveau. Germaine baissa le ton et ajouta, un peu confuse :

> *Je fais boire du porto qui goûte le vinaigre à mon invité de prestige, un petit gars qui a beaucoup de talent, que je connais depuis bientôt neuf ans, qui m'écrit des beaux rôles dans les revues du temps des Fêtes et qui, ce soir,*

m'a fait triompher dans une belle chanson qu'il avait écrite juste pour moi.

Elle se releva du récamier et tituba. L'alcool paraissait l'avoir définitivement rangée dans la catégorie des femmes en état d'ébriété. Elle leva son verre, comme pour porter un toast. En fait, elle regardait la lumière à travers le verre maintenant vide. Elle prononça lentement, d'une voix soudain maternelle :

Ça fait déjà neuf ans qu'on se connaît...

Au moment où je crus qu'elle s'embarquerait dans une autre page d'histoire, à savoir la nôtre, elle partit, poussée par une main invisible, vers le demi-mur situé à droite de la porte du salon.

Elle se pencha pour choisir un 78 tours et ce n'est qu'après trois tentatives infructueuses qu'elle réussit à le mettre sur l'électrophone.

Je jure n'avoir jamais vu un numéro aussi comique, même dans le répertoire de Tizoune : Germaine essayant de tenir sur ses souliers qui ne veulent plus suivre, pendant qu'elle tourne la manivelle du « pick-up » et que son turban enrubanné dirige le tout, se balançant dangereusement sur sa tête.

La musique choisie confirma que le mélodrame n'avait plus de secret pour elle. Une mélodie sirupeuse et violoncellesque servit de musique de fond lorsqu'elle annonça, l'élocution hésitante :

Vie de femme !... le 3 septembre 1958.

La date de notre première rencontre.

Je me souviens, j'étais en retard à cause d'Alcide. J'étais tellement en maudit après lui ! Sais-tu qu'est-ce qu'il m'avait fait, ce sacrement-là ?

En règle générale, Germaine ne dépassait jamais le simple « bâtard ». Mais ce qu'Alcide lui avait fait ce jour-là, je dois l'admettre, méritait quelques degrés supplémentaires dans l'indignation.

Ça faisait trois mois qu'il me trompait. Ça, je le savais et je m'en sacrais comme de ma première jaquette ! Mais ce que je savais pas, et ça je l'ai pas pris, c'est que le mois d'avant il avait emmené sa maîtresse à New York.

Elle se mit à crier en détachant bien chaque mot :

Au Waldorf Astoria !

Le ton redescendit de plusieurs décibels.

Moi, la seule fois que j'ai voyagé aux États avec lui, il m'a juste offert le Chesterfield, bâtard !

Après avoir déposé son verre, elle abandonna le tourne-disque et revint au centre du salon pour continuer son histoire avec cet Alcide qu'elle avait fréquenté pendant un certain temps et dont on disait qu'il ressemblait au professeur Tournesol.

Ça fait que c'est dans cet état des nerfs là que j'ai quitté le domicile d'Alcide après l'avoir jeté en bas de l'escalier.

Elle n'y était pas allée de main morte. La preuve était maintenant faite que des deux, ce n'était pas l'homme qui avait été le plus violent.

Quand je suis arrivée au studio 14 de Radio-Canada et que je t'ai aperçu en train de me regarder, avec tes grands yeux brillants, en te demandant c'était quoi cette bibitte-là qui apparaissait devant toi, ça a mis un peu de baume sur mes plaies.

En 1958, lors de notre première rencontre, il est vrai qu'elle avait produit sur moi un effet extraordinaire. C'était la première fois que je voyais d'aussi près une grande vedette et, si je n'avais pas déjà été membre de l'Union des artistes, j'aurais certainement fouillé mes poches à la recherche d'un bout de papier pour lui demander de signer un autographe. Elle continua de raconter son départ de chez l'amant congédié.

Ce matin-là, pour faire exprès, j'étais tellement énervée que je m'étais mis n'importe quoi sur le dos. Des renards argentés avec un tailleur brun ! Tu portes jamais tes renards argentés avec un tailleur brun. Mais c'est tout ce que j'avais trouvé le moyen d'attraper dans le fond du garde-robe.

J'avais l'air d'une pauvresse !

J'avais en effet gardé le souvenir de ces somptueux renards, jetés négligemment sur ses fortes épaules. D'un costume deux-pièces qui mettait en valeur une taille toujours bien dessinée malgré la cinquantaine passée. Je m'en fichais de l'agencement des couleurs !

Pour les bijoux, tout ce que j'avais réussi à piger dans le fond de la boîte, que je venais de répandre par terre dans mon énervement, c'était deux, trois bagues sans intérêt et une vieille gourmette plaquée or que j'avais gardée de l'Arcade et que je m'apprêtais à refiler à Mariette Duval qui en fait la collection.

Ce jour-là, j'avais cru la voir porter des bijoux tout droit sortis des coffrets de la duchesse de Windsor.

En plus, ce matin-là, comme j'avais dormi chez Alcide, j'avais pas mes plates-formes. J'étais partie avec des souliers que j'haïssais, à cause de leu saprés petits talons cubains qui me raccourcissaient la jambe et qui me faisaient paraître un pied de moins. Je le sais que je suis déjà pas haute sur pattes, c'est pas une raison pour me diminuer encore plus avec des talons cubains.

Devant moi était apparue ni plus ni moins qu'une Maria Callas, le lourd parfum capiteux en plus.

J'avais même pas eu le temps d'installer mes « joies de vivre ». Je m'étais ramené les joues comme j'avais pu, en dessous de la perruque et du turban. Tout allait tout croche. J'avais pas mon bon fond de teint, j'avais perdu un de mes faux cils dans le taxi, et j'avais pas pu mettre mon eyeliner *; je l'avais renversé dans le fond de ma sacoche.*

Tout à l'idée qu'elle venait de me parler ouvertement de ses prothèses pour la première fois, j'essayais d'oublier que j'avais alors admiré le savant maquillage que faisait ressortir le magnifique turban blanc.

Bleu pâle le turban. Avec un tailleur brun ! C'est chic ça, d'abord !

Je m'en souviens, j'avais noté, ce soir-là, dans mon journal : « Elle gardait encore une certaine noblesse dans le port de tête, et avait su se créer un personnage de femme fatale, qui faisait oublier qu'elle dépassait la cinquantaine. Pour la première fois, j'avais devant moi une vraie star et elle allait jouer le rôle de ma mère. Elle se tenait, divine, dans l'embrasure de la porte du studio 14. Pour la première fois, je voyais la matérialisation de mes fantasmes d'adolescent, de Marlene Dietrich à Marilyn Monroe. »

C'était au temps où j'espérais que quelque éditeur nous découvrirait, mes écrits et moi, et me ferait signer un contrat sur-le-champ.

Je fus arraché à mes rêves de futur prix Fémina par un très percutant :

> *Bâtard que j'avais honte ! Mais t'avais tellement l'air pâmé que je t'ai tout de suite raconté une histoire, pour faire oublier le reste.*

Je me souvenais très bien laquelle. Un jeune comédien était arrivé à l'Arcade et, apercevant Germaine avec un imposant turban sur la tête, il lui avait dit timidement, dans sa naïveté de débutant et en oubliant d'utiliser le mot *tissu* : « Vous en avez des verges sur la tête, madame Giroux ! »

À quoi elle avait répondu, empoignant la perche qu'il venait de lui tendre :

> *Tu sauras mon petit gars que ces verges-là, je préférerais les avoir ailleurs !*

J'avais entendu mille fois l'anecdote, mais chacune des versions faisait appel à un autre jeune premier. Paul Guèvremont, Duceppe, Garceau, Gadouas avaient ainsi eu l'honneur de faire partie de la légende. Je me pris à rêver de rejoindre un jour le peloton.

> *T'avais tellement ri que ça avait donné le fou rire à tout le monde. Comme j'étais en retard, on avait pas eu le temps de répéter et on était allé en direct, en ayant encore le fou rire.*

Je me rappelai le grand moment en ajoutant mes rires aux siens. L'instant était privilégié, magique.

À un moment donné, on gloussait tellement que le réalisateur avait fait signe à Yvette Brind'Amour d'enchaîner avec la scène suivante.

Germaine continuait de se tordre de rire et je l'accompagnais sans retenue.

Yvette, qui aimait rire elle aussi, avait perdu une page de son texte et elle a jamais été capable d'enchaîner. Elle a été obligée de faire signe à Roger Garceau de continuer tout seul, parce qu'elle était en train de pisser dans ses petites culottes !

Moi j'étais en train de perdre mon turban, tellement je riais. Je riais parce que je réalisais que t'arrivais dans le milieu théâtral et que t'avais en face de toi deux stars, une qui était ta future directrice de théâtre qui pissait de rire, et l'autre qui représentait le grand théâtre d'après-guerre, dont t'avais entendu parler au Conservatoire Lassalle, qui était en train de se défaire en morceaux devant toi.

Elle fut reprise de ce fou rire qui nous avait tant secoués en 1958. Elle tomba à la renverse sur le récamier, perdit un de ses souliers, ajouta :

En morceaux, exactement ! Comme ce soir !

Elle retrouva un rire normal :

J'avais eu l'air d'une vraie folle, mais je venais de vivre le moment le plus drôle de ma vie.

Elle se calma tout à fait, et tout en essuyant le rimmel qui avait coulé sous ses yeux, elle réfléchit à voix haute :

Ça crée des liens, ça !

Puis elle affirma, avec beaucoup d'émotion dans la voix :

C'est à ce moment précis que j'ai su qu'on ferait de grandes choses ensemble.

J'étais triste à l'idée de penser que ces « grandes choses » ne seraient jamais que du domaine de l'affabulation.

À cause d'un fou rire, mon cœur !

Elle était touchante.

On avait le même genre de timing *! J'ai tout de suite pu déceler ça. Mais surtout, tu t'es pas vu l'allure, toi ! T'étais mignon ! Je t'aurais mangé là ! Mais Germaine Giroux avait passé l'âge.*

Elle ? Être attirée par moi ?

Ce qui m'avait le plus troublée c'est que je réalisais que, si j'avais pas pris les grands moyens si souvent, j'aurais sûrement un garçon de ton âge.

Elle avait été ma mère à la radio, avais-je eu raison de vouloir jouer le fils à la ville ?

Je suis persuadée que ce fils-là aurait eu autant de talent que toi, vu son arbre généalogique.

Elle sourit, émue.

N'ayons pas peur des mots : tu étais le fils que j'avais failli avoir !

Je crus qu'elle venait de conclure, mais elle ajouta, moqueuse :

Doublé d'une fille à part de ça.

Ce soir-là, je sus que j'avais vraiment le sens de l'humour...

J'ai toujours eu du pif ! J'ai pas vécu les coulisses de Broadway pour rien ! J'ai tout de suite compris que t'étais de la trempe d'Henri Norbert.

Elle se pencha, pour me glisser sur le ton de la confidence, après avoir vérifié que personne ne l'entendait du corridor :

Moi, les gars de la trempe d'Henri Norbert, emmenez-en, j'ai jamais eu de problème avec ça !

Elle poursuivit ses confidences en me faisant connaître un certain type de femmes dont j'allais être, par la suite, constamment entouré.

Je suis une femme à tapettes. Je les attire. Demande-toi pas ce que tu fais ici, ce soir, avec moi : c'est tout simplement parce que je suis une « femme à tapettes ». Quand je te dis ça, je me plains pas, oh non ! Emmenez-en des tapettes ! Ils font pas des enfants forts, mais bâtard qu'ils sont drôles !

Elle marchait de nouveau de long en large, inventant, cherchant à produire de l'effet.

Tu peux être sûr que quand j'entre dans un restaurant, s'il y a une tapette dans la place, je le sais tout de suite, c'est le seul qui me regarde entrer la gueule ouverte, comme si Rock Hudson lui apparaissait tout nu un soir de réveillon.

Elle recommençait à bien supporter l'alcool. Le panache reprenait le dessus.

> *Même pas besoin d'être jeune pour pratiquer ce métier-là ! Regarde Mae West, elle va être « femme à tapettes » jusqu'à sa mort !*

Cependant, sa joue gauche tombait de plus en plus. Ses « joies de vivre » semblaient vouloir lâcher prise. Mais cela n'avait pas l'air de l'inquiéter outre mesure. Elle poursuivit, retrouvant tout à fait sa verve légendaire.

> *Tu l'as ou tu l'as pas. Moi, je l'ai ! J'ai commencé très jeune comme « femmes à tapettes ». Je peux te dire exactement à quand ça remonte. J'avais six ans et les futures grandes folles du coin me couraient après pour me montrer leurs petits pantalons* breeches, *vieux rose.*

Elle réfléchit un moment ; je la voyais revivre, libérée de ses démons.

> *Sortir avec des tapettes, toutes les « femmes à tapettes » te le diront, c'est le seul moyen qu'on a trouvé pour se faire encore ouvrir une porte de limousine !*

Cette constatation fut suivie d'une réflexion pleine de tendresse :

> *Qu'est-ce qu'on ferait si on les avait pas pour créer nos robes du soir ?*

Elle s'anima de façon inquiétante.

> *Il y a pire ! S'il fallait que nous, les actrices, on se révolte et qu'on décide d'éliminer toutes les tapettes qui nous donnent la réplique, on serait condamnées aux monologues jusqu'à la fin des temps, bâtard !*

Elle se retourna vers moi espérant une réaction, un rire de ma part et ajouta :

La relève a pas l'air forte, forte.

Je ne m'étais pas tout de suite senti visé, mais le coup finit par m'atteindre.

C'est certainement pas toi qui vas renouveler le genre !

Encore une fois mon sens de l'humour venait d'être mis à rude épreuve. Je n'eus guère le temps de protester. Elle était décidée à aller au fond de la question.

Est-ce que tu sais c'est quoi, au juste, une « femme à tapettes » ?

Elle reprit le jeu des questions et réponses, ce qui attestait de son retour en force.

C'est vrai que tu peux pas avoir de grandes théories là-dessus, étant donné le peu de « femmes à tapettes » que t'as rencontrées jusqu'à maintenant.

Une conférencière faisait son entrée en scène, le langage devint plus soigné.

Qu'est-ce qu'une « femme à tapettes » ? Ça peut être bien des choses. Certains disent que ce sont des femmes frigides qui ont peur du sexe à cause d'expériences malheureuses refoulées et qui se tiennent avec les invertis parce qu'elles ne veulent plus s'impliquer avec les hommes, sexuellement s'entend.

Le smoking que je portais depuis la veille commençait à me peser et me rappela que je n'avais plus que quelques heures pour le rendre. Je changeai de posture sur la causeuse.

Je suis une « femme à tapettes » et c'est certainement pas ça qui m'a empêchée de me faire avorter plus souvent qu'à mon tour !

Voilà qui confirmait d'autres médisances. Nul n'avait laissé entendre qu'elle était une adepte de la méthode Ogino.

Allons maintenant à l'essence de ce qui caractérise la « femme à tapettes ». C'est une femme avec du bezazz, du sex-appeal.

Elle énonça la suite sur le ton d'une maxime.

La « femme à tapettes » porte les robes que les tapettes rêvent d'avoir sur le dos.

Au temps du Tropical et de la taverne Monarch, j'avais vu certains travestis coiffés du célèbre turban, à la fois emprunté à Germaine et à Gloria Swanson. Germaine en avait été ravie. Elle frayait parmi les grandes. Dans tous les sens du terme.

Les tapettes nous trouvent tellement too much *qu'elles font de nous autres des déesses inatteignables.*

Si on leur montrait notre cul, on leur crèverait leur baloune, alors aussi bien rester habillées ! Ils sont pas obligés de bander en nous voyant, et nous autres, anyway, *on veut plus se faire baiser ; les hommes nous en ont trop fait voir, et depuis trop longtemps !*

Elle se déposa un bout de fesse sur le coin du récamier et se mit à réfléchir tout haut.

Qu'est-ce qu'ils nous veulent, donc, les tapettes ?

Elle me regarda. Comme je ne répondais pas, elle avança une première explication.

Ils cherchent leur mère !

Elle venait de marquer un point.

Pour lui emprunter sa robe de mariage pour l'Halloween !

Je n'étais pas allé jusque-là, mais je l'avais tout de même endossée pour la scène. Une fois l'été n'est pas coutume.

Ou pour faire une séance dans la cour avec les petites voisines.

Quand j'avais neuf ans, je me faisais un devoir de confectionner toutes les robes de mes petites voisines en « papier de soie », pour ne pas dévaliser les garde-robes de ma tante, de ma mère et de ma grand-mère.

Elle revint à l'idée que les hommes de ma « religion » font d'excellents chevaliers servants.

Je me demande bien ce qu'on deviendrait si on les avait plus pour nous sortir !

Germaine poussa un profond soupir.

C'est très flatteur, quand le plus grand bijoutier de tout le Canada, beau, grand, racé, un grand nez aquilin comme les Bourbons, te couvre de bijoux et te fait donner une robe longue dessinée par un de ces chums « à voile et à vapeur », qui se trouve à être le plus grand couturier du Canada.

Il t'accompagne à la première de Casse-noisettes *à la salle Wilfrid-Pelletier, et tout le monde pense que tu baises avec.*

J'aime autant te dire que, ça, ça fait mouiller une femme, mon petit gars !

Cette fois, la fesse glissa bel et bien et Germaine se retrouva par terre. Elle se releva péniblement. Je voulus l'aider, elle me repoussa. Elle se dirigea vers la salle de bain. Le côté gauche de son visage venait de lâcher tout à fait, le disque était coincé sur l'électrophone et rendait un coup d'archet strident pendant que Germaine revendiquait fièrement sa dernière identité :

Je suis la mère de toutes les tapettes !

Le maquillage avait tenu bon une quinzaine d'heures. Elle était sortie réparer les dégâts. Le matin, Germaine Giroux mettait un temps fou à se préparer. Presque quatre heures, disait-on, avant de se rendre aux répétitions des *Belles Histoires des Pays d'en Haut,* de Claude-Henri Grignon, série à succès de l'heure à la télévision de Radio-Canada, où elle tenait le rôle de la femme de Ti-Père, dite la Grosse Madame, dite la Lionne.

Elle portait toujours un fond de teint d'une couleur étrange. On la soupçonnait d'être la seule à en utiliser un de cette sorte. Elle mélangeait elle-même diverses pâtes qu'elle faisait venir de New York et elle en couvrait sa peau couleur de lait, sans contredit son principal atout à vingt ans.

De New York également, elle faisait venir de petits carrés de toile et de larges bandes élastiques, ses fameuses « joies de vivre », ainsi qu'une sorte de colle à moustache à l'odeur insupportable. Ces produits, dont elle avait tant besoin, il lui fallait souvent les remplacer.

Chaque jour, elle collait un carré de toile sur chacune de ses joues. Ces carrés étaient ensuite reliés par une bande élastique qui courait dans ses cheveux sur le dessus de sa tête. La chair était ainsi lissée au maximum jusque derrière les oreilles. De là ses célèbres turbans et tous les chapeaux à large bord censés dissimuler le savant maquillage.

Elle souffrait le martyre. Ses mâchoires étaient couvertes de plaies. Quand elle était très en demande, il lui arrivait de devoir paraître au théâtre et à la télévision dans la même journée. La colle, ces jours-là, irritait sa peau, mais elle poursuivait la mascarade coûte que coûte et en remettait sur ses plaies vives. Parfois, l'artifice lui jouait des tours, l'enduit ne faisait pas toujours aussi bien son travail et elle devait recommencer.

Quand elle voulait donner un répit à son épiderme, elle s'enfermait chez elle, et personne ne la voyait pendant plusieurs jours. C'est ainsi qu'un matin où je devais lui rapporter un téléviseur oublié dans sa loge, j'avais sonné à sa porte et, après m'avoir fait attendre un bon moment, elle était venue m'ouvrir sans maquillage.

Je l'avais prise pour la femme de ménage et lui avais demandé si madame Giroux était là. Elle avait fait celle qui n'avait rien entendu, m'avait invité à déposer l'appareil dans le même salon où je me trouvais en ce moment. Les stores baissés, les kleenex roulés en boules, soi-disant pour soigner une grippe mais qui ne servaient qu'à masquer son visage défait, m'avaient vite convaincu de quitter les lieux.

Avec le temps, Germaine avait eu la hantise d'être privée de l'indispensable accessoire. Elle le faisait venir de New York dans les valises des comédiens, régisseurs, décorateurs qui partaient en tournée aux États-Unis. Elle avait même mis à contribution de vieilles Gypsies qu'elle avait connues à Broadway et qui jouaient encore les seconds rôles dans certaines comédies musicales américaines en tournée au Québec. Voilà pourquoi elle m'envoyait souvent à la gare d'autobus chercher un mystérieux paquet, dont je faisais toujours semblant d'ignorer le contenu.

Le bruit de la chasse d'eau puis d'une porte dont on soulevait le verrou mirent fin à mon attente.

Je le sais que tu m'imites dans tes partys de tapettes !

Elle revenait de la salle de bain, ni plus ni moins que grimée. Elle avait voulu camoufler les dégâts, mais le résultat était pitoyable. Elle s'était poudrée abondamment pour corriger un maquillage complètement défait. Le rose étalé sur ses joues ne mettait que plus en évidence les ravages du temps. L'éternel turban, qu'elle croyait avoir remis en place, pendait de tous bords tous côtés.

*Je sais que tu m'imites et que tu racontes l'anecdote de l'*Homeric*. Je sais aussi que chaque fois que tu le fais, tu te tailles un succès personnel. J'ai mes espions. Le milieu est tellement petit ! Un village !*

Elle tenait à bout de bras un long verre rempli d'un liquide verdâtre allongé d'une eau pétillante. Alors qu'elle essayait de faire un tour sur elle-même pour faire tournoyer sa djellaba, le turban glissa dangereusement du côté droit de sa tête. Replaçant la parure, elle lui intima :

That's where you belong, baby !

Elle revint aussitôt à son sujet principal :

*Le seul véritable problème, au sujet de l'*Homeric*, c'est pas que tu m'imites. C'est que tu racontes n'importe quoi !*

Depuis mes débuts dans la profession, Gaétan Labrèche se faisait un plaisir de me répéter toutes les légendes et anecdotes qui couraient sur les sœurs Giroux ainsi que les bobards les plus insensés sur leur passé.

De mon côté, je ne me gênais pas, depuis que je connaissais Germaine et sa légende, pour en remettre dans toute réunion sociale ou privée.

Je commençais à avoir une réputation de bon conteur et je ne me faisais pas prier pour raconter mon anecdote la plus en demande, celle de l'*Homeric.*

Envoye, vas-y, mon cœur.

J'ouvris des yeux ahuris qui lui firent comprendre que je n'étais pas sûr d'avoir bien compris. Elle s'installa confortablement dans une bergère dont je n'avais pas encore remarqué la présence, dans la pénombre, tout à côté de la bibliothèque.

> *Vas-y ! Raconte-moi ton anecdote de l'*Homeric *! Comment veux-tu que je remette les pendules à l'heure, si je te vois pas faire ton* number *? Inquiète-toi pas, je suis bon public.*

Avais-je le choix ? Imaginez mon trac. Marchant sur des œufs, je commençai, d'abord par les circonstances.

« Le Théâtre du Nouveau Monde venait de s'embarquer sur le paquebot *Homeric,* en route pour Le Havre. Le TNM avait été invité à participer au Festival du Théâtre des Nations à Paris. Germaine Giroux était du voyage et elle n'attendrait pas son arrivée là-bas pour briller et attirer l'attention. »

Elle me lança, moqueuse :

> *Si tu la racontes comme ça, j'ai pas à m'inquiéter, ta carrière fera pas de vieux os.*

Plutôt coincé, en effet. Je décidai de troquer l'imparfait pour le présent de l'indicatif, toujours plus efficace. De plus, ma nervosité fit place à un désir insensé de la faire rire, quelles que soient les énormités que je pourrais dire sur son compte. Je repris avec plus d'assurance.

« La troupe vient à peine de monter à bord que déjà le capitaine lui-même invite tous les membres en première classe pour un cinq à sept, suivi d'un dîner élégant, le tout assaisonné d'un spectacle d'amateurs préparé par les passagers eux-mêmes. »

Aucun commentaire cette fois. Je respirai.

« Le cinq à sept se passe bien, sans incident. Le champagne coule à flots et semble procurer énormément de plaisir aux membres de la troupe, à Germaine surtout, qui lève le coude plus qu'à son habitude. »

Je sentis que cela ne passait pas.

Tout le monde avait levé le coude. On était tout simplement sur le party. C'est pas moi qui buvais le plus ! C'est même moi qui étais la plus raisonnable !

Oublie jamais que les fondateurs de cette troupe-là étaient à peine sortis du collège Sainte-Marie que, déjà, ils avaient quitté notre beau pays pour aller étudier en France. Les cours d'art dramatique ont eu un autre effet que de les faire jouer les fesses serrées pendant des années : ils ont appris à trinquer.

Elle revint à nos moutons.

Continue ! Jusqu'à maintenant, j'ai pas encore vu le côté désopilant de ton histoire !

J'ignorai la remarque ironique et poursuivit. Il y allait de ma réputation de conteur.

« Au moment de passer à table, la troupe était plutôt guillerette, pour ne pas dire déjà quelque peu éméchée. Pendant le repas, Germaine décide tout à coup de passer au Dry Martini. »

Encore là, elle ne put s'empêcher de protester !

J'ai jamais bu un Dry Martini de ma sainte vie ! Je trouve que ça goûte le parfum. Et le parfum, je me le mets à la même place que Marilyn Monroe !

Je continuai. C'était la seule façon de faire si je voulais voir le bout du tunnel. Mais ce ne serait pas pour bientôt, si elle continuait de m'interrompre de la sorte.

« Le capitaine a le malheur de porter un toast en son honneur. »

Germaine hurla :

Comment ça, le malheur !

Se rappelant sa promesse :

Excuse-moi... Continue... Je le ferai plus... Je m'excuse... Je vais essayer de me retenir la prochaine fois.

Je continuai, mais rien ne pouvait plus m'arrêter. J'étais résolu à aller coûte que coûte jusqu'au bout de mon histoire.

« Donc le capitaine venait de porter un toast, qui disait à peu près ceci : " En hommage à une gloire, un fleuron du théâtre canadien-français, Madame Germaine Giro, mesdames et messieurs." »

Incapable de se retenir davantage, elle commenta :

Ben oui, même pas capable de dire mon nom comme du monde... Oups, excuse-moi, continue.

« Germaine, pompette, se lève, salue l'assemblée et lance au beau capitaine un regard tellement peu équivoque que l'on sent la gêne s'installer parmi les touristes présents. »

Comment avais-je pu imaginer qu'elle garderait le silence après de telles insinuations ?

C'est bien raconté et, pour une fois, le mot pompette *est juste, mais le capitaine était de la même religion que toi. J'aurais pas perdu mon temps à user de mes charmes sur ce genre de galons-là !*

Je ne tins pas davantage compte de cette remarque et poursuivis mon discours, espérant encore pouvoir en venir à bout.

« L'orchestre sauva la situation en entonnant le *Ô Canada*, histoire de saluer la présence de comédiens canadiens en route vers la gloire parisienne. »

Elle coupa :

La Marseillaise *! On s'en allait en France !*

J'eus envie de laisser tomber. Jamais mon récit ne produirait sur elle l'effet désiré, et je le racontais certainement pour la dernière fois.

« À la fin du repas, le capitaine monte sur la scène pour demander à Madame Giro si elle n'aurait pas l'extrême amabilité de chanter quelque chose.

Germaine, sans se faire prier, va le rejoindre et attaque, en anglais, la majorité de l'assistance étant anglophone :

"My name is not Giro but Giroux ! I am Germaine the sister of Antoinette Giroux who played *L'Aiglon* with Jacques Auger at the theatre Odeon in Paris, France." »

Elle protesta :

C'est à Plattsburgh que ça s'est passé de cette façon-là. Raconte pas les deux histoires de la même manière. On te croira jamais.

Je fis semblant de ne pas avoir entendu.

« Finalement Germaine annonce qu'elle va chanter "Alouette". Jean Gascon, parti pour la gloire... »

Enfin quelque chose de vrai !... Excuse-moi, pardon !

« ... en homme de théâtre avisé, se lève. Il veut mettre en garde Germaine contre sa facilité proverbiale... »

Facilité, mon cul !

« Jean Gascon veut se lever, intervenir, mais en voulant s'appuyer contre le rebord de la table, il rate la cible et le voilà qui se retrouve sous la table, après avoir perdu pied. Il s'apprête à ressortir, mais en entendant Germaine entonner les premières notes de son refrain, il veut se lever rapidement pour limiter les dégâts, mais sa tête frappe la table et, assommé, il disparaît pour ne plus réapparaître. »

Curieuse, elle intervint, cette fois avec douceur :

Ah, c'est ça qui s'est passé ! J'ai entendu le bruit d'une chute, mais je savais pas que c'était lui, j'avais le spot dans les yeux... Continue, c'est intéressant !

Le trac panique qui m'habitait s'évanouit.

« Là, Germaine défile son refrain :

Alouette. Gentille Alouette
Alouette, je t'y plumerai.

Jusque-là, tout baigne dans l'huile, et elle semble en pleine possession de ses moyens. »

Je sentis que j'avais retenu son attention. J'eus une poussée d'adrénaline. J'étais, moi aussi, en pleine possession de mes moyens. Triompher devant elle, en racontant cette anecdote, était devenu un véritable défi. C'était là l'occasion d'apprendre. Je réussirais à la faire rire, dussé-je déformer encore plus la vérité ! N'est-ce pas ce qu'elle attendait de moi ?

Je n'avais qu'à me dépasser.

« D'abord le refrain :

Alouette, je t'y plumerai
Alouette, gentille alouette...

Puis le couplet :

Je t'y plumerai la tête...

Les comédiens de la table du TNM se mettent à lui répondre et ils entraînent quelques passagers avec eux. Après avoir plumé la tête, le bec et le cou de l'animal, tous s'apprêtent à lui plumer le ventre, les passagers de première classe font maintenant partie du chœur.

Germaine tient son public. Elle s'apprête à lui servir un fameux punch de son cru. Joignant le geste à la parole, de sa main gantée, elle désigne discrètement son sexe, en chantant, coquine :

Je t'y plumerai le busy wési wéso...

Consternation !

Denyse Saint-Pierre, une des jeunes comédiennes de la troupe, se met à rire de façon hystérique et s'enfuit en courant, incapable de soutenir les regards courroucés des autres passagers. »

J'entendis le premier grand rire de Germaine, suivi d'une réflexion faite sur le ton de l'évidence :

Denyse Saint-Pierre était même pas là !

Je reçus et la réflexion et le rire l'accompagnant comme un compliment. Soudain, j'étais ramené au théâtre. Je jouais mon propre rôle et, au cours de la tirade qui suivrait, j'allais découvrir cette chose indispensable à l'acteur qu'on appelle la confiance en soi.

« Le malaise est palpable. Germaine, qui pense tout simplement avoir mal prononcé, répète la phrase en détachant bien chaque syllabe :

BU-SY WÉ-SI WÉ-SO.

Le capitaine se lève et propose un toast à la santé de Germaine. Puis tout en la remerciant et en invitant les gens à applaudir, il la ramène à sa table.

Les comédiens se précipitent pour l'entourer et la féliciter, craignant une crise de vedette en règle si Germaine se rend compte de l'affront qu'elle vient de subir. Germaine, étourdie par les vapeurs de l'alcool, décide de traverser la piste de danse pour aller retrouver le capitaine.

Un de ses talons se casse et elle tombe assise par terre, au milieu des invités qui ont commencé à danser.

Elle décide de se traîner sur les fesses vers la table du capitaine qui, voyant le danger, s'enfuit au fond de la salle à manger.

Denyse Pelletier, Huguette Oligny et Monique Leyrac réussissent à arrêter la star et à la ramener vers la table qui leur était réservée.

La salle de bal se vide peu à peu. Germaine, enfin maîtrisée, est assise à califourchon sur une chaise, la jupe relevée. Elle s'évente l'entrejambe.

Gaétan Labrèche s'approche d'elle et, pour détendre l'atmosphère, il commente, arborant le large sourire qu'il laissera un jour en héritage.

"Ouais, Mame Giroux, on est en train de s'éventer le busy wési wéso ?" »

J'eus enfin droit à des applaudissements doublés d'une remarque. Depuis un moment, elle avait résisté à l'envie d'intervenir pour ne pas stopper mon élan, mais cette fois, il fallait qu'elle parle. Dans un souffle, elle me dit, émouvante :

Est-ce que tu racontes aussi la suite, dans la salle de bal ?

Pour la première fois de la soirée, je sentis le besoin de répondre à ses questions : *Oui.*

Vas-tu m'imiter dans le grand escalier ?

Oui.

Les dernières recommandations furent débitées d'une traite :

Je te le dis tout de suite, entre le souper en première classe et le dernier soir, dans la salle de bal, c'est plate à mourir ! Tu pourras jamais être drôle là-dedans ! J'veux pas que tu racontes ça ! Oui, faut le raconter si on veut comprendre la suite, mais passe vite là-dessus. Tu vas perdre ton public. Bon, ce qu'il faut qu'il sache, c'est que le capitaine a refusé que je retourne en première, que la troupe a été solidaire et qu'ils sont pas retournés eux autres non plus et que toute la semaine ils m'ont raconté des histoires et ont trouvé plein d'excuses pour me rassurer.

Elle reprit son souffle.

Alors que je comprenais très bien ce qui se passait.

Elle ne s'attarda pas sur ce dernier détail. Elle savait que le meilleur était à venir.

Passe vite là-dessus, va vite à la suite : ton punch est tellement fort que t'as rien à craindre !

Elle me demanda avec gravité :

Es-tu prêt à raconter la salle de bal ?

Oui.

La phrase suivante fut proclamée avec un plaisir non dissimulé :

> *J'étais pas là ! J'ai jamais vraiment su ce qui s'était passé avant mon arrivée. Ça fait que raconte-moi ça, mon cœur et, surtout, gêne-toi pas, mets-en !*

Il me faut ajouter un détail oublié par Germaine : la tradition sur ce paquebot voulait que le dernier soir, avant l'arrivée au Havre, il y eût un bal costumé.

Chacun se costumait avec les moyens du bord. Les plus prévenants, qui avaient pensé à apporter quelques accessoires dans leurs valises, étaient aussi les plus flamboyants.

Gaétan Labrèche était de ceux-là. Il s'était déguisé en chef indien, coiffé d'une magnifique parure de tête, ornée de plumes multicolores, empruntée au costumier du TNM.

Mais il me fallait reprendre mon numéro devant Germaine. D'ailleurs, elle m'écoutait avec attention.

« Le grand soir arrive et vers les onze heures, les passagers commencent à se présenter à la salle de bal. La troupe du TNM au grand complet est là pour le party. Sauf Germaine.

Un vaste escalier baroque, situé au centre de la salle de bal, permet à l'invité d'apparaître en haut des marches dans toute sa splendeur. Le héraut, en l'occurrence Gaétan, qui s'est proposé pour le rôle, claironne le nom de l'invité et celui de son personnage.

La foule s'agglutine en bas. Les invités sont tous arrivés, sauf Germaine. Gaétan, qui commence à bien la connaître, flaire anguille sous roche, et ça l'excite au plus haut point. Il monte et descend les marches, va jusqu'à vérifier périodiquement, derrière les battants de la large porte d'entrée, si Germaine n'apparaît pas au bout du corridor.

Minuit sonne. Germaine est toujours absente. Gaétan renonce et décide d'aller retrouver ses camarades, mais à peine a-t-il commencé à descendre les marches que les portes s'ouvrent avec fracas, que l'odeur entêtante d'un lourd parfum freine Gaétan dans son élan et fait taire l'assemblée au grand complet. »

Je la sentais tellement captivée par mon histoire que je me permis de faire une pause avant de changer de rythme.

« L'orchestre arrête de jouer. Jean Gascon, derrière le bar, ordonne d'un geste du doigt de changer les éclairages. Le grand escalier est plongé dans une lumière théâtrale. »

Plusieurs soupçonnèrent Jean Gascon d'avoir planifié le coup avec Germaine. Mais jusqu'à sa mort il a juré que toute cette mise en scène n'avait été que le fruit du hasard.

« Germaine vient de paraître en haut du grand escalier où elle s'attarde, souveraine, pour permettre à tous d'admirer sa toilette.

Elle a revêtu une longue robe de soie noire toute simple, sur laquelle elle a mis tout ce qu'elle a trouvé dans les cabines de ses consœurs et des camarades partageant ses goûts.

Des colliers et des parures de pierres du Rhin ornent son opulente poitrine.

Son épaule droite est couverte de renards argentés, pendant que, sur la gauche, un manteau de vison noir a trouvé refuge. Dans sa main droite, elle laisse traîner négligemment une capeline de faux chinchilla blanc. Plus tard, au moment de descendre l'escalier, elle s'en servira pour balayer les marches.

Ses poignets sont couverts de dizaines de bracelets brillants. Elle les a empruntés aux uns et aux autres. Gaétan lui-même reconnaît un bracelet en or et une collection de gourmettes lui appartenant.

Le légendaire turban de Germaine est orné sans façon d'une épingle à cravate. De nombreux camées de nacre et d'ivoire, de même qu'une collection complète d'épingles à chapeaux de tous styles et de toutes longueurs, sont piqués dans l'illustre couvre-chef.

Jean Gascon voit qu'elle est prête à descendre l'escalier. Il actionne l'énorme boule de miroirs qui la couvrira d'une pluie d'étoiles.

Tandis qu'elle pose le pied sur la première marche et que Jean Gascon fait signe au chef d'orchestre de commencer, Gaétan se penche vers Germaine et lui demande :

"En quoi donc vous êtes-vous déguisée, madame Giroux ?"

Alors, avant que le chef d'orchestre n'ait le temps d'attaquer son morceau, Germaine se tourne vers la salle et lance cette phrase restée célèbre :

"EN PREMIÈRE CLASSE, BÂTARD !"

Et c'est sur un air de rumba, "When they begin the begin", que Germaine, en ce soir de bal, et en se déhanchant mieux que Celle-dont-il-était-interdit-de-prononcer-le-nom-en-sa-présence, descendit les marches du grand escalier du paquebot de luxe, sous les applaudissements et les rires des passagers de deuxième classe. »

Je me tus. Le silence se fit lourd. Elle avait détourné la tête. Elle pleurait doucement et murmura à travers ses larmes.

C'est très bon la trouvaille pour ma Rivale. Merci.

Elle se calma peu à peu, sans sortir de la pénombre du fond de la pièce. Je la sentis fatiguée. À tout moment, je m'attendais à ce qu'elle me congédie. Elle n'en fit rien. Elle revint s'installer sur le récamier et me regarda. Je la vis heureuse un bref instant. Soudain, tout son corps se détendit.

Je retournerai peut-être jamais à Broadway, mais ça, ça empêche pas que je suis tannée de jouer au Rideau Vert ! Je suis tannée de jouer des drames italiens, traduits en français de France, avec une petite robe noire sur les épaules, alors que j'étais destinée aux plus grandes scènes du monde !

Est-ce que c'est de ma faute si l'Homme invisible m'a foiré dans les mains à New York et que j'ai été obligée de revenir ici ? Jamais je croirai que c'était ça, mon destin à moi !

Elle s'interrompit. Se fit plus terre-à-terre.

J'aimerais ça de temps en temps qu'Yvette Brind'Amour aille voir des shows à New York au lieu d'encore traîner dans les théâtres de boulevard parisiens. J'aimerais ça qu'elle arrête de penser que la culture, c'est se déguiser en comtesse et raconter des histoires qu'on comprend pas, parce qu'on les a pas vécues.

Au Théâtre l'Arcade, Antoinette et moi on jouait la carte française, mais c'était la mode, et il y avait pas autre chose. Ici, tout ce qu'on connaissait des Américains, c'était le jitterbug. Moi, j'avais coupé les ponts avec eux autres, déjà, avant la guerre. J'étais plus trop au courant de ce qui se faisait là-bas, et on suivait le goût du public.

J'ai rien contre les Français, mais il me semble que ça se voit qu'ils sont dépassés !

Elle quitta le récamier et vint s'asseoir tout près de moi pour me dire, en me prenant les deux mains :

T'es jeune, tu devrais lui dire à Yvette que la culture française, on s'en fiche comme de notre première chemise.

Dis-lui qu'on est tannés de la voir dans le Partage de midi *de Paul Claudel. Dis-lui qu'elle est plate dans les rôles d'Edwige Feuillère. Tu le sais, tu as assisté à la première et tu t'es caché à l'entracte, tellement tu étais mort de rire. Et puis après, tu étais allé en coulisses, comme à chaque première, lui tomber dans les bras et la féliciter pour sa « grande performance ».*

Son côté théâtral reprit le dessus.

Y a juste Monique Lepage qui a eu le courage de la féliciter pour ses belles robes.

Elle s'enflamma.

Il faudrait penser à dire à nos jeunes acteurs, aussi, que quand ils jouent, ils sont stiff *comme des barreaux de chaise. Ils devraient aller voir comment jouent les Américains. À part Duceppe, as-tu déjà vu un Humphrey Bogart dans le coin, dernièrement ?*

Je l'aimais. Elle m'apprenait la lucidité. Elle s'était ressaisie. Elle venait de se lever et, je le savais au plus profond de moi, elle allait maintenant me dire une chose qui serait déterminante dans ma vie d'acteur.

Notre culture, c'est une culture de salle paroissiale, quand Jacques Laurier faisait tirer des photos de Benoît Marleau à l'entracte. Notre culture, c'est Jeanne Demons qui ébouillante les pieds de Rosanna Seaborn avec une tasse d'eau froide dans Cœur de Maman *au sous-sol de l'église Sainte-Catherine d'Alexandrie, un samedi après-midi, devant un tit-cul comme toi, à qui ça a donné le goût de faire du théâtre !*

Au lieu de se faire chier à Paris en se tapant Le Soulier de satin *qui dure six heures, qu'elle prenne donc l'avion, une heure, pour aller voir des shows donnés par de vieux acteurs dans le quartier du Bowery, à New York ! Elle verrait que ça ressemble étrangement à ce que faisaient nos vieux comédiens en tournée. Dis-lui d'aller voir des pièces américaines et de les faire traduire par des jeunes auteurs comme Marcel Dubé.*

Tennessee Williams ! Ça serait pas extraordinaire, adapté ici ? Et moi, est-ce que je serais pas sharp *dans le rôle de Blanche Dubois ?*

Mais non, elle va monter Debureau *de Sacha Guitry à la place ! Ça swingue ça, d'abord* Debureau, *de Sacha Guitry.*

Des fois, je l'étriperais tellement je l'aime ! Elle m'énerve de renier ses racines comme ça.

Elle se leva et partit vers la cuisine en maugréant.

Quand on pense que ça dansait à New York au Metropolitan Opera House, cette petite fille-là ! Elle a raté sa carrière américaine parce qu'elle aussi, figure-toi, voulait réussir à Paris.

Elle s'arrêta, la carafe de porto vide à la main.

Veux-tu bien me dire qu'est-ce qu'elles avaient toutes de vouloir s'exiler à Paris ?

Elle repartit, recommençant à maugréer.

La petite Andrée Lachapelle, une vraie soie, belle comme l'enfant qui vient de naître, elle aussi est allée crever de faim à Paris avec Robert Gadouas.

Elle s'engouffra dans la cuisine.

J'en profitai pour me lever et gagner le corridor. Je savais maintenant que la prochaine étape serait celle des adieux et des becs sur les joues. J'allai même jusqu'à poser la main sur la poignée de la porte, lorsque, venant de la cuisine, j'entendis un grand éclat de voix :

> *Ah, mon Dieu ! Est-ce que je t'ai dit qu'André Brassard, le jeune metteur en scène, je le sais pas si tu le connais, il monte des pièces sur la rue Papineau ?*

Je le connaissais, c'est vrai, pour avoir travaillé avec lui à la télé, au début des années soixante. Il était alors tout jeune et je me souviens d'avoir tout fait pour vivre une aventure d'une nuit avec lui, alors qu'il était mince, imberbe et avait la couette au milieu du visage.

Germaine était revenue de la cuisine et voilà qu'elle m'entraînait au salon pour me réinstaller exactement à la place où j'avais passé la soirée.

L'orage avait cessé depuis longtemps, et même si on commençait à voir poindre le jour par la grande fenêtre donnant sur la rue Selkirk, j'eus le pressentiment que mes deux œufs bacon devraient attendre encore un peu. Mon estomac fit entendre un long gazouillis en signe de protestation, car il y avait déjà quelques heures que je mourais littéralement de faim.

Comme pour ne pas me distraire de l'essentiel, Germaine ferma la lourde tenture de velours bleu nuit, masquant ainsi les premières lueurs de l'aube. Elle allait maintenant pieds nus et avait troqué le turban contre une serviette éponge trouvée à la cuisine.

> *Le petit Brassard en question, figure-toi qu'il m'a fait lire une pièce :* Les Belles-Sœurs, *d'un jeune auteur dont j'ai oublié le nom. Eh bien oui,* Les Belles-Sœurs *que ça s'appelle.*

Elle se tenait au centre de la pièce.

> *C'est un très mauvais titre. Tu pourras jamais attirer le public avec un titre comme ça ! Antoinette et moi, à l'Arcade, on présentait* L'Éventail de Lady Windermeere, Maître Bolbec et son mari ; *ça c'est des titres qu'on mettait à l'affiche !* Les Belles-Sœurs, *on aurait jamais annoncé ça !*

Le sujet semblait la passionner et elle avait retrouvé une certaine fougue, même si sa respiration me parut un peu saccadée.

> *C'est Denise Proulx et Denise Filiatrault qui se sont mises après moi pour que j'accepte de faire une lecture de cette pièce-là avec elles, au Théâtre d'Aujourd'hui. C'est toute une gang de jeunes pouilleux, mais y paraît qu'ils valent la peine d'être encouragés.*
>
> *Je l'ai lue, y a pas d'histoire ! C'est des femmes qui se crêpent le chignon parce que la plus grosse a gagné des timbres. Demande-moi pas quelle sorte de timbres, je le sais pas, j'ai lu rien que mes répliques. Je m'endormais, je bâillais, je suis allée voir si ça finissait bien, quand j'ai vu que les quinze bonnes femmes chantaient le* Ô Canada, *je me suis endormie ben raide !*

La reine du show-bizz refit surface :

> *Tant qu'à faire, tu chantes le* Stars and Sprangled Banner, *c'est plus* lively *!*

Elle s'interrompit encore, tiraillée. Je me demandais même, la sentant enfin prête à me parler vraiment, si la décision qu'elle devait prendre de jouer ou non dans *Les*

Belles-Sœurs n'était pas la véritable raison de ma présence chez elle.

> *Le plus bizarre dans toute cette histoire, et raconte pas ça à Antoinette, je vais passer pour un vraie folle, c'est que dans la nuit, incapable de m'endormir, j'ai été obligée d'allumer la lampe pour lire les bouts que j'avais sautés. J'ai terminé la lecture, complètement édifiée : c'est dégoûtant de faire sacrer du monde comme ça, bâtard. Le turban m'a redressé sur la tête. La grosse là, son patois c'est « maudit verrat de bâtard ». « Bâtard », je comprendrais, je le dis, ce serait un moindre mal ! Mais « maudit verrat de bâtard », bâtard ! Je m'habitue pas. Il me semble que je serais incapable de dire ça sur une scène.*

Elle répéta, de façon presque inaudible :

> *Maudit verrat de bâtard !*

Elle attendit un peu et ajouta :

> *Je pensais pas qu'un jour on dirait ça sur une scène. Ça m'était même jamais venu à l'idée qu'on pourrait avoir à se poser ce genre de questions-là !*

Elle me fit part d'une crainte qui, je l'espérais, serait non fondée :

> *D'un autre côté, si on encourage ça, ils vont finir par rentrer les bols de toilettes sur la scène !*

Elle sourit.

> *Je le sais pas pourquoi, mais, dans le fond, ça me tente...*

Son visage s'éclaira encore plus.

Je vais te dire la vérité, ça me tente, mais j'ose pas accepter.

Comme si elle avait encore oublié l'absence de ses sœurs, elle baissa la voix pour ne pas qu'elles entendent.

Si j'accepte, j'ai peur de faire mourir Antoinette d'une crise cardiaque.

Encore une fois, elle avait l'air d'une jeune fille :

Je pense que Daddy aurait aimé ça, lui !

Elle leva de grands yeux affolés vers moi, l'air épouvanté. Il lui était alors arrivé quelque chose d'inquiétant et elle devait me le raconter.

La nuit où j'ai lu cette pièce-là, est-ce que je t'ai raconté le cauchemar que j'ai fait ?

Pendant tout le temps où elle me le raconterait, elle arpenterait le salon dans tous les sens. Et ce mouvement continuel allait conférer quelque chose d'étrange à son discours.

J'étais une vieille vieille actrice et je me faisais proposer un rôle par un jeune metteur en scène, pour une pièce qu'il montait dans un hangar.

Elle s'immobilisa, écarta les bras vers le ciel. Et je jure avoir entendu comme une musique de film d'épouvante qui accompagnait le tremblement de ses mains, quand elle décrivit le metteur en scène qui la dirigeait.

C'était un grand bonhomme chauve, un oiseau de malheur ! Un grand visage imberbe, blanc, illuminé.

Elle se dirigea vers la penderie dont elle ouvrit toutes grandes les portes.

Elle venait de créer un décor d'un surréalisme étonnant.

Les chapeaux, feutres, turbans, boas et chaussures, éclairés par la lampe torchère, semblaient l'avoir projetée dans le temps et l'espace.

Elle resta en contre-jour et poursuivit le récit de son rêve.

Soir de première !

Cette fois, j'entendis quelques coups de tonnerre, mais je me souvins que l'orage était terminé depuis belle lurette.

Je fais mon entrée en scène. Le décor est en stainless steel, je prends une sheer *et me retrouve dans le pit d'orchestre en train de souffler le texte à Nana de Varenne qui cherche son follow spot qui éclaire juste le décor !*

Le ton avait changé. Il me fallait une musique adéquate. J'optai pour le silence.

Sans plus tarder, je me retrouve au deuxième acte.

On a changé de pièce et je joue Puck dans La Tempête *de Shakespeare. J'ai mon collant noir de* The Spider Woman *et le metteur en scène m'a suspendue au bout d'un fil. J'essaie de dire mes répliques pendant que je swingue au bout de ma corde.*

Elle se remit à marcher et s'arrêta devant la fenêtre, où elle s'attarda pendant un long moment. Elle cria à l'adresse de toute la rue Selkirk, pourtant séparée de nous par les lourdes tentures :

Troisième acte.

Elle se tourna vers moi pour la suite :

Je joue une reine en Avignon. Je suis toute seule dans le noir. Debout. Pendant trois heures et quart. Je braille mon monologue, pendant qu'on me projette des bandes dessinées sur le visage. J'ai pas le droit de bouger. Ça brouille l'image. Pendant que je fige, des quantités de figurants surgissent de partout en poussant des bols de toilettes, des lits d'hôpitaux et des bains sabots sur roulettes, avec dedans des Francine Grimaldi en train de se passer une brosse dans le dos.

Elle annonça le quatrième acte plus simplement et retrouva presque un ton quotidien pour me parler du nouveau metteur en scène à la mode dans le circuit *off*.

Au quatrième acte, je suis dirigée par le petit Brassard justement. Pendant qu'il se tripote la barbe tout en s'arrachant, en louchant, des poils sur le bout du nez, je joue la pièce d'un Irlandais qui écrit en français. Je crie en japonais pendant que je suis enterrée dans la vase jusqu'au cou. Et quand je dis vase, je suis polie !

Elle interrompit brusquement son histoire pour glisser ce commentaire :

C'est bien pour dire. J'ai jamais eu une aussi bonne critique de toute ma bâtard de vie !

Elle revint à son festival de théâtre « en pièces détachées ».

Elle se plaça dans l'entrée du vestibule et éleva les deux bras au-dessus de sa tête, pour toucher à l'embrasure de la porte.

Elle avait oublié qu'elle ne portait plus ses souliers à plates-formes. Elle était donc trop petite pour atteindre son but. Elle voulut se donner une contenance en baissant rapidement les bras et en les cachant derrière son dos.

Pour annoncer le cinquième acte, elle se composa une attitude des plus dignes et se mit à marcher en s'efforçant de bien poser un pied devant l'autre. Elle imitait ainsi le style et le rythme de la jeune *girl* de Broadway qui avait impressionné le grand Busby Berkeley.

Après avoir fait quelques pas, elle annonce, rayonnante :

> *Je descendais le grand escalier du Radio-City Music-Hall avec des plumes dans le cul. J'avais le physique de Rita Hayworth...*

Elle interrompit net sa démarche et son rêve éveillé pour me faire voir, par un détail, à quel point ce rêve avait été un véritable cauchemar.

> *... et j'avais la voix de la Celle-que-tu-sais ! Je chevrotais tellement que j'en avais le mal de mer.*

Elle fit un semblant de pirouette mais le mouvement, même raté, l'aida à retrouver son élan.

> *Me v'là swinguée par-dessus bord et je me retrouve dans* La Tempête, *mais au Théâtre des Variétés. C'est Gilles Latulippe qui joue Prospéro, dans une mise en scène de Manda Parent.*
>
> *Les critiques disent que Manda a copié un metteur en scène européen, mais ça nous empêche pas de faire une tournée internationale et de nous retrouver à... Broadway !*

En l'écoutant prononcer ce nom, on aurait pu croire qu'elle parlait de sa terre natale.

Je reprenais Les Belles-Sœurs *en comédie musicale, et je triomphais dans le grand air : « Maudit verrat de bâtard ! », en version jazzée. Ça devenait : « Goddam'son of a bastard ! »*

Il ne me restait plus qu'à attendre le verdict de la presse qui me retrouvait après tant d'années d'absence. Mon triomphe personnel m'était confirmé quelques heures après la fin de la première représentation.

Je fouillai au plus profond de mon imagination à la recherche d'une quelconque musique dramatique pour conclure une histoire aussi palpitante. J'optai pour le grand finale orchestral de *Gone with the wind,* quand Vivien Leigh tendait sa carotte vers l'horizon, en invoquant le ciel.

Comme si Germaine entendait les élucubrations musicales de mon cerveau, elle leva le bras droit vers le plafonnier qu'elle avait pris soin de ne jamais allumer. Avec un geste vainqueur et sur un ton rappelant davantage le triomphe du Yankee que la colère humiliée d'une femme du Sud, elle annonça :

Attablée chez Sardee's, *je pris connaissance des critiques. Clive Barnes m'encensait.*

J'avais visité ce restaurant que les artistes de Broadway fréquentaient chaque soir de première, en attendant d'apprendre dans les journaux s'ils seraient capables de payer le loyer du mois suivant.

Je pouvais lire à la une du New York Times *: « She's back ! »*

Je crus entendre, très loin, l'écho d'un dernier coup de tonnerre.

La musique s'arrêta dans ma tête.

Le récit de ce cauchemar, qui était peut-être prémonitoire, prit fin lui aussi. Je l'avais rarement vue aussi déconnectée de la réalité.

Elle remit ça sur l'offre que Brassard lui avait faite de se joindre à l'équipe des *Belles-Sœurs*, mais pour s'inquiéter encore une fois de la langue qu'on allait parler sur scène.

Elle prononça ces mots imprononçables sur les planches, en 1967. Elle essayait de les dire comme des répliques, avec chaque fois un sens différent. Elle murmura, pensive :

> *Maudit verrat de bâtard !*

Pleine de vie et de bonne humeur, elle enchaîna :

> *Ah ben, câlice, Angéline !*

Et avec toute la hargne dirigée contre certains de ses amants, à n'en pas douter, elle termina :

> *Maudit cul !*

Puis elle me dévoila le fond de sa pensée :

> *Pourquoi toujours les extrêmes ? Pourquoi être obligé de passer du grand escalier d'Edwige Feuillère dans* L'Aigle à deux têtes *de Jean Cocteau à la cuisine de Germaine Lauzon dans* Les Belles-Sœurs *de Michel Tremblay ?...*

Elle constata, étonnée :

> *Tiens, j'ai retrouvé son nom !*

Elle oublia aussitôt le jeune auteur, alors déjà contesté, pour revenir à ses craintes qui allaient peut-être se révéler fondées :

Si ça se met à marcher ce genre de pièces-là, il y a des têtes qui vont tomber et des carrières qui vont prendre une débarque, comme à la fin des années quarante.

Le ton devint grave.

Ce serait le retour du pendule. Les Français nous ont pris nos jobs. Là, ce serait le retour en force des Ovila Légaré.

Elle ajouta :

J'ai bien l'impression qu'il y en a quelques-uns qui vont être obligés de s'acheter une maison en Provence.

Elle se frotta les mains l'une contre l'autre et dit :

Je sais pas encore si je vais accepter de jouer dans cette pièce-là. Je me donne quelques jours pour réfléchir.

Elle semblait plongée dans ses pensées.

Les Belle-Sœurs...

Elle conclut.

Il y a juste une affaire dont je suis certaine et, habituellement, j'ai du flair, c'est que c'est certainement pas Yvette Brind'Amour et Mercedes Palomino qui vont monter ça !

Elle se leva lentement, fit le tour de la pièce pour éteindre quelques lampes et s'engouffra dans le long corridor. J'avais compris le message et me levai pour me diriger vers le vestibule. Elle s'arrêta, se retourna et me fit un signe de la main.

Mets un disque. Je reviens. J'ai quelque chose à te dire.

Puis elle disparut dans la chambre du fond.

Parlez-moi d'amour
Redites-moi des choses tendres
Votre beau discours
Mon cœur n'est pas las de l'entendre.

J'avais à peine mis le disque sur le pick-up que la porte de la chambre s'ouvrit toute grande. Un fantôme fit son apparition.

Une forme blanche, débarrassée de tous ses artifices.

Des cheveux blancs clairsemés et roux dans les pointes encadraient joliment son visage. Sa peau était couleur de lait. Elle avait retrouvé son teint de jeune fille. Sa tunique blanche laissait deviner des seins encore désirables.

Ainsi dépouillée, elle paraissait à peine cinquante ans.

En entrant dans le salon, elle s'était dirigée vers la fenêtre afin d'ouvrir les tentures.

Elle était venue se recroqueviller sur un large pouf marocain qui occupait le coin fenêtre, juste devant la bibliothèque.

Comme si tout avait été planifié, la lueur du lampadaire vint caresser sa silhouette.

Elle me tendit une main fébrile.

Je sentis que ma main allait trembler dans la sienne, et je n'avais qu'une envie : sortir de cet appartement au plus vite.

J'étais malgré tout attiré par cette femme maintenant sans âge et la découverte de cet être dépouillé me troublait, sans doute à cause de l'intimité qu'elle avait su créer entre nous tout au long de la soirée.

Je compris qu'il était vraiment temps de partir.

J'approchais mes lèvres de ses joues pour un premier *Kiss you goodbye ;* elle se retourna et mes lèvres se retrouvèrent près des siennes. Se méprit-elle sur mon geste ? Elle me repoussa doucement de sa main parcheminée, malgré les crèmes, et tourna la tête pour vérifier l'état de ses joues.

Malgré les ravages d'une nuit blanche, je la trouvais belle. Elle parla.

Je te regarde aller quand t'écris tes revues.

T'aimes ça écrire.

Si un jour, tu décides d'écrire ma vie, te gêne surtout pas !

Raconte tout !

Beurre !

Ici, les journaux à potins veulent tellement nous ménager qu'on finit par avoir des vies d'un drabe !

Les maîtresses des rois faisaient parler d'elles dans le temps.

C'étaient de vraies stars.

Louis XIV, sa maîtresse, La Maintenon...

... Ah non, c'est vrai. C'était sa femme.

Je me trompe de puzzle.

Pauvre elle ! Il l'avait rangée avec les meubles dans le grenier du château de Versailles.

Il la baisait plus.

Elle, ça l'arrangeait.

He had bad breath.

Il portait un dentier en bois.

Sont devenus des amis sur leur vieil âge.

Une immense tendresse embua son regard.

Pour mes amants, si tu te souviens pas des noms, invente !

Ça me fera toujours ça de plus comme conquêtes !

Si jamais il y en a qui veulent te mettre les bâtons dans les roues quand tu vas écrire ma vie, si on t'accuse de me faire dire n'importe quoi, t'as qu'à leur répondre que c'est tout simplement parce que je disais n'importe quoi.

Elle ralentit, comme une boîte à musique dont le ressort est épuisé.

Des fois.

Toujours.

Souvent.

Je le sais-tu, moi !

Elle leva la tête et, me fixant dans les yeux, elle me fit un large sourire. Elle se leva et me reconduisit à la porte. Je ne devais plus jamais la revoir. Je n'aurais plus jamais le privilège de monter sur une scène avec elle.

Juste avant de partir, elle mit son index sur ses lèvres comme pour me demander de garder le secret.

Elle ne prononça que deux mots :

Plus tard.

Je quittai rapidement les lieux.

En ouvrant la porte, je vis la rue Selkirk détrempée. La Citroën était recouverte de feuilles mortes et la pluie avait cédé la place aux premiers signes de l'hiver.

L'Exposition universelle se terminerait dans dix jours. Je me mis à grelotter dans mon smoking encore humide des derniers soubresauts de l'été des Indiens.

André Montmorency tient à remercier Mesdames Raymonde Bergeron et Marcelle Ouellette, auteurs de *Voix, visages et légendes*, Les Entreprises Radio-Canada, 1986, dont l'ouvrage lui fut fort utile.

OUVRAGE RÉALISÉ PAR
LUC JACQUES, TYPOGRAPHE
ACHEVÉ D'IMPRIMER
EN MAI 1999
SUR LES PRESSES DE L'IMPRIMERIE L'ÉCLAIREUR
POUR LE COMPTE
DE LEMÉAC ÉDITEUR
MONTRÉAL

DÉPÔT LÉGAL
1re ÉDITION : 2e TRIMESTRE 1999
(ÉD. 01 / IMP. 02)